RAB WILSON was born in New Cumnoc[
After an engineering apprenticeship wit
Board he left the pits following the min
become a psychiatric nurse. As a Scots poet, his work appears
regularly in *The Herald* as well as *Chapman*, *Lallans* and
Markings magazines.

Rab has performed his work at the Edinburgh Festival, the
StAnza poetry festival at St Andrews, the 'Burns an a' That
Festival' at Ayr and has been 'Bard of the Festival' at Wigtown,
Scotland's National Booktown. Additionally Rab is a previous
winner of the McCash Poetry Prize and in the was 'Robert
Burns Writing Fellow – In Reading Scots' for Dumfries and
Galloway Region. Currently a member of the National
Committee for the Scots Language Resource Centre, Rab
regularly attends the parliamentary Cross Party Group for Scots
language held at Holyrood. He is a '*weel-kent*' advocate for
Scots writing. He lives in New Cumnock with his wife
Margaret and daughter Rachel.

*Readers o this buik micht be keen tae increase their knowledge
o Scots wirds bi gaun online an consultin the Dictionary of the
Scots Language at www.dsl.ac.uk.*

Tae Josh,

Zero Hours

Hand forrit!

RAB WILSON

Robert Wilson

Luath Press Limited
EDINBURGH
www.luath.co.uk

First published 2016

ISBN: 978-1-910745-27-4

The paper used in this book is recyclable. It is made from low
chlorine pulps produced in a low energy, low emissions manner
from renewable forests.

Printed and bound by
Harper Collins/RR Donelley, Glasgow

Typeset in 10.5 point Sabon by
3btype.com

Contents

General Poems 1

Zero Hours

Whit drave wee Sam tae commit suicide?
(The young team tanned him ootside Central Station,
thon ah think wis the last straw, Sam hud naethin.)
Ask the DWP why Sammy died.
Cos evri day we're subject tae their tricks;
It's aa a kind o mad 'Catch 22'
when faced wi thae 'rat catchers' doun the Buroo;
Ma adviser questioned ma 'work ethic'!?
Ah'd applied fir twa hunner joabs this year,
'Where's the proof?' he said, 'Job application?'
'It's oan ma phone!' ah said (nou gettin thrawn!)
'You know we can't take that – the rules are clear.'
An there an then ah'm sanctioned fir eicht weeks,
oot oan the pavement ah wis physically seeck.

Ah telt thaim aa aboot it at the funeral,
Billy kent him tae, 'Oh aye, that bastart!'
Sammy's maw an paw, they baith luikt shattert,
haudin haunds an greetin in the drizzle.
They hud a wee tea at the Boolin Green,
Billy said, 'Did you hear aboot Sandra?
she's taen the wean an left, cause o her man,
a maniac, he'd beat her up agane –
it seems they muived her tae anither toun,
puir sowl ower feart tae gang fir interview
in case she met her man there at the Buroo;
the same yin sanctioned her, ah tell ye suin
fowk lik Sandra wha hae nocht tae their name,
wull be forced tae steal juist tae feed their weans.'

Job Centre types, they dinnae gie a damn;
wi their 'claimant commitments' an 'work programmes',
an their 'hidden targets'! the auld flim-flam!
Ah tell ye frien the hale thing's juist a sham!
Sleekit tae; they asked if ah'd a dug,
ah huvnae, but ah kent whit they wir at –
gin ye're fit tae walk the dug or cut the grass,
they'll cut yer DLA, but ah'm nae mug!
Thaim that's unemployed are twice as likely
tae dae theirsels in, thon's whit the paper says,
nae wunner, stuck inside the hoose aa day,
leevin oan Iceland pizzas or the chippy.
Nae wunner that some think tae 'shoot the craw';
An mibbes, truth be telt, they're best awa.

Ye cannae plan a life oan 'zero hours',
no if ye want tae earn a daicent pay,
ok fir pensioners or students, say,
'poacket money', thon's aaricht fir that shower.
Ah taen a wee joab at the nursing home,
the lassie there wis kind, cut me some slack;
it helped tae keep ma 'work coach' aff ma back,
she said they'd text ma shifts bi mobile phone;
ah'm still waitin here at twa a.m.
She said there'd be a chance o wark the morn,
but gin that happens hou can ah sign oan?
sae like as no they'll sanction me agane.
Ah'll mibbes switch the phone aff, try tae sleep –
but ah cannae get wee Sammy oot ma heid.

In Memory of Tom Carrick

Who Tom Carrick was? I've no idea.
But this pristine new bench now bears his name,
A strange recycled plastic requiem,
Atop its concrete plinth, erected here.
Mid-summer, your respite is surely welcome,
Tucked in the shade of an old sycamore,
I ponder grass strimmed perfectly; footsore,
On this blue day of endless buttercup sun.
The view from here's astounding! I'll confess,
Forcing me to muse upon eternity,
Cairn Valley stretching to infinity,
Distant hills shimmer into nothingness –
And I who thought nirvana some lost cause…
Perhaps we all know who Tom Carrick was.

Richter Scale

It's not the blur of right hand pyrotechnics,
The frenzied cataracts of arpeggios,
Rush of crescendo, fall of diminuendo;
It's more than just that mastery of technique.
Etude No. 1, C Major, by Chopin,
Requires almost a splitting of the mind,
A schizophrenic state in which you find,
A curiously musical Yin and Yang.
Both sides equal, but which do you prefer?
For me the poise and elegance of the left,
Restrained in stately grandeur, subtle, deft,
Holds me in the player's force majeure.
Sviatoslav takes us to another place,
Off the scale, transcending time and space.

First Bike

Ye aye hud a mind o yer ain,
fowr year auld – 'Me dae it amsel!'
An patience wis ne'er yer first virtue;
thae stabilisers wid hae tae go!
Whiles oan some raicent TV show
a tip wis gleaned;
an auld pair o tights fir reins,
wrapt unner yer oxters,
aa set fir yer maiden flicht.
The sycamores in Queensberry Square
blushed wi tints o ochre Hairst
as ye tottert an near fell,
tho gemme as a gowf baa,
up ye gat an sodgert oan,
wi me rinnin ahint ye siccarly,
haudin ye up till ye goat yer balance.
Then, aa o a suddent it aa clickt in;
the curb an check o yer bridle lowsed –
an aff ye flew athort the cobbled caur-park;
the yae ee cannily dairtin back tae me,
the tither dourly fixt oan the road aheid...

With Andy and Amanda in the Charity Shop

Escaping from the sea of Keswick's tourists,
We took shelter in the Oxfam charity shop;
'The most expensive in England!' Amanda declared.
And she was right! As we trawled endless shelves
Of discarded books unloved, unread;
Though now one scarce metallurgical tome
Has found a willing and a caring home!
Andy and I gazed through the thick plate-glass,
That housed a hoard, an Aladdin's cave,
Of vinyl LP's that underscored our lives.
Joni Mitchell's 'Don Juan's Daughter',
Oasis (first pressing!) 'Definitely Maybe',
And Pink Floyd's original gatefold 'Wall' –
A snip at seventy-five quid!
Here was 'London Calling', the Clash,
And I was a leather clad punk once more,
Straining at the leash of my studded dog-collar,
Whilst Andy gibbered feverishly
About Camel, and 'Yessongs';
Prog-rock-heaven rolling through
The Rolodex of his fingers.
(I vowed to the gods of rock 'n' roll
To find a stylus for my Dual CS 505 Mk3!)
Even the stuff we didn't want we wanted,
No! Lusted for...
Peggy Lee and George Shearing;
Count Basie and The Mills Brothers;
Fairport Convention and The Fairey Band...
Transported to the land of our teenage kicks,
Rod Argent riffs and Angus Young licks,

The hardcore Bowie fans who ask;
'We want more, and we want it fast!'
Like Rotten and The Pistols we'd no reason –
And it was all too much.
Music for Pleasure or Deutsche Grammophon,
The list goes on and on and on...
Mine and Andy's lives revolving backwards,
At thirty three and a third rpm.

Salmon Nets and the Sea

Eftir the pentin bi Joan Eardley

Ae day ah'll gang tae Catterline,
an ettle tae staund oan this verra spot;
Oan a day whan blaudin shooers
lash the cliffs,
an the ragin waves tear theirsels tae spails.
Picturin Joan in the cauld kalends,
wendin her wey doun frae the 'watchy',
tae stake her claim oan the stairk empty beach,
her cairty an easel her anely bield
agin the gaitherin storm;
The storm that raged athoot an athin;
*'If you look here Miss Eardley you'll discern there is a
shadow...'*
Ye turnt their oaffir o treatment doun.
Whaur cams the aefauld smeddum
tae thole sic things?
In the face o daith we can chuse tae leeve;
Turner thirlt tae the mast aff Harwich;
Joseph Vernet likeweys the same;
Thon Odyssean urge tae hear the siren sang...
Throu thir nets the gowl o the gandiegow...
The lift; gray, grashloch, grumlie...
A sweevil o spunedrift whips the stour,
yer easel cowps, ye pick it up agane
while saund an graivel an shairds o seaweed
meld wi iley pent athort the canvas.
Hapt agin the cauld ye staund yer grund,
tae win fir us the lethal achin beauty o the sea,
that gies sae much, an taks sae much awa.

Glasgow Close

Eftir the pentin bi Joan Eardley

Murder murder polis three stairs up,
the wummin in the middle door
hut me wae a cup,
ma heeds aw broken, ma face is aw cut,
murder murder polis three stairs up...
GLASGOW STREET SONG

Stuid bi the mooth o the close agane
There's wee Jessie aa her lane,
She'll no play peever she'll no play ropes,
Nevir a peep doun at the shoaps,
Whiles stoatin the baws aff o the wa,
She's aye the first tae let hers faa
'Over the mountain under the sea,
My true love waits there for me...'
Her brither John aye spouts the Bible
Granny says that he is liable,
Tae mibbes gang aff the rails ae day,
He luiked at me a funny way...
Tap o the stairheid Jessie's greetin,
Granny says she goat a beatin
Aff o her Paw (eftir a bevvy),
Said his denner wisnae ready,
Her Maw taen aff wi anither man,
The 'sugary-cake-an-candy-man'
Ma granny says, an her friens aa lauched;
Nae wunner that the boy went daft!
An nae lang eftir, puir Jessie dee'd,
Ah've mind her in that dress o reid,

Hou we walked tae schuil, baith haund in haund,
Gran says she's in a better laund;
Thon wis years ago, the nicht we plan
Tae hae a tear doun at the Barrowland.

The Spey Wife

Eftir the painting 'The Fortune Teller'
by Jan Steen, c.1626–1679.

Ye hae a gleg ee Maister Steen, ah'll gie ye that!
Nae dout ye've pree'd this scene a wheen o times,
Some fond bit lass, loof fou o scores an lines,
Gets taen in bi some sleekit bauchlin jad.
Nae dout she's speirt aareadies doun the port
Whit airt the bairnie's faither micht hae gang –
Ower late fir penny jo; sic kennin wrang
Haes labelt her langsyne a warthless sort.
Auld Lucky hovers like a hoodie craw,
It's ayeweys warth a groat tae keep thaim sweet,
An sailors dinnae want a lass that greets,
Sae lat the Spey Wife wice her wi her saws;
As lang's the Reel o Bogie she maun dance,
Her wee ill-cleckit wean can tak his chaunce.

There it is...

Drumlie the lift hung low abune the pines,
smirr ayont the treeline formed a steady haar,
anely the tinkle o branks betrayed the tainchel,
gaithert roond their thrawn ill-tempert chieftain.
Angus hapt his Black Watch plaid aroond him;
Whaur wis MacQueen? The hunt lang hud bin arranged.
Mony's a year hud passed syne sic ill-daeins –
Twa bit weans, taen bi a muckle black beast.
MacQueen hud spiert in his quate seer-lik wey;
The nem o the place; whaur last hud it bin seen?
Then glowered at nocht, his nieve clencht roond his dirk.
The haughty Angus MacIntosh, chief o the clan,
glanced at the gowd hauf-hunter in his haund,
syne birlt in his saddle as a hound faur-aff gien tung.
Adoun the glen stegged MacQueen, wolf-hounds at his heel.
Men muttert, corrineuchin curses fell frae lips,
steady drizzle dreept frae tautie beards.
The MacIntosh spurred his coursour forrit –
'An whaur the hell this day hae ye bin!?'
Patientfu as a schiltron the hunter stuid his grund,
an steadily he met the chieftain's gaze.
Weichtin the man he said 'Whit wis the hurry?'
Then swipper afore bauld Angus gien his splore,
MacQueen drew back his plaid an fung it doun,
'Sin e dhuibh!' – There it is...
The ugsome tousie heid wi bluidy maw,
whase yella een still stared wi eildritch bleeze.
Years syne this tale the sennachie set doun,
an lang he thocht oan the luik i the last wolf's een;
a curse that robbed thaim o their laund an leid.

James Hogg Poems

Auld Lass

(fir Callum)

Oan the Quad a scunnert luikin collie,
Sits paws foldit in the smirry rain,
Heid doun, lugs doun, she's eager tae be gane,
Shepherds dinnae gie their dowgs a brolly!
Her maister's trauchlin wi thon auld 'John Deere'
The yin that hus the big hydraulic shovel,
There's potholes needin fillt that's bin gien tribble,
'Ten meenits, Lass, bide there an dinnae steir!'
Lass rests her muzzle doun oan her front paws,
The rain dreeps frae a stand o auncient Pine,
She sighs an cocks her lugs an howps that syne,
They'll kennle up the bike an suin get gaun.
Fir nou she fixes aye-an-oan her gaze,
At thon white plashes pentit oan the braes.

Boy Racers

Beside the Kirkhope Burn a stand of trees,
A mix of ancient beech and sycamore,
Green canopies unfettered by the wind.
This sheltered spot allows them to grow free,
So that their branches stretch out from their trunks,
In horizontal lines ten paces long,
That form a shady arbour where the flies,
Can congregate and swarm on sunny days.
It's here that the 'Boy Racers' love to mass,
Swallows; showing off in fierce fly-pasts.
This rite of passage must have gone on here,
Down the dendrochronology of years,
Generations stretching back through time.
Amazed, I stood and marvelled at their skill,
Their darting, twisting runs and breathless turns,
Like ocean hunters gorging upon shoals,
Of silvered sardines numbering in millions.
The lazy summer air alive with insects,
Draws the Swallows in from every barn,
Each trying to outdo its feathered neighbour,
They swoop and glide, beaks snatching as they fly.
I watched them as the evening dimmed the sky,
August's deepening shadows thrusting longer –
The call of African skies growing stronger.

The Teapot

Six weeks in the hills, with no teapot.
This had to be remedied.
Strolling through the stalls and auto-jumble
Of the Biggar Classic Rally;
Jars of homemade jam and heather honey,
Chrome lamps and mirrors, AA badges,
And 'genuine' '60s Scalextric sets,
Till then, an oasis,
A stall of ornaments and bric-a-brac –
And... teapots!
Some were too gaudy – the 'Country Cottage',
Some were too fancy – the 'Chinese Pagoda',
Some were too expensive – 'Thirty quid!!?'
(I'd set myself a five pounds budget!)
Just something plain, functional,
To suit these times of austerity.
Then we spotted the cardboard box,
Overflowing with sad old silverware:
More teapots!
A treasure chest me hearties!
I quickly discarded the damaged mock Georgian,
Burrowed through decades of genteel conversation,
Rummaged and clanked my way to the bottom,
Aha! I fished you out;
Tarnished, black as the Earl of Hell's waistcoat!
But honest as a Woodbine, serviceable,
Built like the Empire!
And the number '31' teaped inside your lid?
Once you might have graced an ocean liner,
Or primly sat on delicate white lace doily's
In the chintzy spas of Cheltenham or Bath.
And your price? Five pounds! an omen!

(I haggled you down to four!)
The vendor was visibly delighted;
'I can sell this stuff in Edinburgh any day,
But to sell some silver-plate, here? in Biggar!?'
He got quite emotional.

It took me hours with the 'Dura-Glit'
To remove a lifetime's verdigris,
And restore your faded glory.
Now there you proudly sit,
Filled with Sainsbury's finest 'De-caf'.
Now my James Hogg residency can begin,
Miles up the Ettrick Valley far from anywhere.
They say the isolation can drive you mad;
From your graceful spout I politely pour,
Into that elegant porcelain flower,
The Duchess holds in her perfumed hand,
And together we laugh and laugh.

Thir ir the Steps o Glendearg

In Memoriam Seamus Heaney

*'Jock, when ye hae naething else to do, ye may be ay
sticking in a tree; it will be growing, Jock, when ye're
sleeping.'*
SIR WALTER SCOTT in *The Heart of Midlothian*

Here oan the wattershed,
That sinders twa coonties,
Selkirk an Dumfriesshire,
Lig 'The Steps O Glendearg'.

Growne ower wi the verdant rime o time,
Hauf covert wi lichen an meedie-gress,
We kick awa the moss tae kythe the stanes;
Remnants o the seeventy that aince wir here.

Mixter-maxter ill-shapit lumps,
No ower muckle, sae they winnae sink,
But sit jist prood tae gie a siccar fuitin,
Tae stammery fowk dootsome o their wey,
Giein thaim sauf passage throu the flouw.

Ian Monteith haes brocht me here the day
Tae view this wunner,
Whaur twa young herds hud their hindmaist pairtin,
An cairved this lastin testimony
Tae their aefauld friendship;
The inititials 'AG' an 'WE',
Reuchly hewn, screivit in the rock.

These hills that aince defined the 'Rolling Borders',
Are smothert nou bi this green fremmit airmy;
Conifers that choke the life oot o the valley.
Nou this laund is fit fir naethin,
Cept the mairch o the trees.

Aa ower Scotland history's bein buriet;
The ruins o Druim Tighe Mich Ghille Chattain,
Swallaed bi the trees oan Mull,
Whaur aince the Drovers gaithert
Tae tryst frae evri airt;
The isles o Ulva, Gometra, Tiree,
Coll an Iona.
Soomin black-beasts across the minches,
Till in Glen Bellart the fowk wid thrang,
Haund seekin haund at the great cattle fair.

Here nou in Scotland they ettle tae plant
25,000 acres a year,
Syne a quarter o wir kintra swamped in trees,
Whiles here in Ettrick?
Cast yer een tae the heichts...

Stuid atop the cairn oan Ettrick Pen,
The Cheviot an Eildons distant rigs,
The endless forests rax tae aa the airts,
Cloods o dust betray log lorry's,
Trailin loads tae pulp mills, pouer stations,
Whiles rural roads growe pittit wi their passin.

Ettrick aince hud fowr primary schuils;
This last ane jist hauds memories,
The shilpit ghaists o weans,
An evri hirsel that held a herd,
Is bein pleuched an plantit.

Whan Sandy Glendinning last met here,
Tae shak his fiere Wattie Elliot's haund,
He left fir Canada's distant shore,
Kennin fine he'd ne'er cam hame agane.

Tho his rhymin letters, fou o craic an sang,
Sailed ower the seas fir years;
'Awa wi Scarboro's Muddy Creeks',
Laments his Border hills.

Nou thae hills faa lik dominoes;
In some strange irony
Scions o Canada's richest faimily,
Hae bocht ower Nether Phawhope,
An hae nae dout are like tae seed the braes
Wi insidious Sitka Spruce.

Ian thinks the hill is loast fir aye,
Huge ugsome stumps o harvested trees,
Litter this lunar laundscape;
'It's by. They'll nevir herd sheep here agane.'
It wid be haurd tae disagree –

An yet, this dwaiblie path across the moss,
Speiks eloquently o undeemous things;
The urge we hae tae steg athort the cosmos,
Tae lea some guidly merk that we wir here.

We cleaned the auld stane up,
Chalkin the letters tae mak thaim staund oot prood.
A wheen o digital photiegraphs wir taen.

Wull this sterk praicious message still remain,
When aa the trees that haud ye fast are felled,
Tae tell a warld, gin ony's left wha cares;
'Thir ir The Steps O Glendearg'.

Cornua Reparabit Phoebe!

(fir Phoebe)

'Cornua Reparabit Phoebe',
There wull be munelicht aince agane!
The beams that lichtit Harden's men,
Tae mak his auld faes 'pey the kain'.

Oan reivin sprees tae herrie kye,
He'd raise his bugle-horn an blaw,
An sixty mounted men or mair,
Wid gaither in some greenwuid shaw.

An as they passed, these wild men,
Mony's the cot-hoose in the nicht,
Wid firmly bar the postern door,
Douse oot their fires an dim the licht.

The soun o hoof at midnicht hour,
Caused wife an bairns tae coorie in,
An pray that they wid oanwarts pass,
An spare the shilpit hearth athin.

Mounted oan his sturdy hobbler,
Auld Wat wid gar his reivers strain,
Till winnin past Reidswyre or Wark,
Thae michty keeps bigged oot o stane.

An aye they taen byordnar care,
Tae jouk fray-bells an beacon licht,
Else brigs an streets aa stievelie chained,
Bi canny watch-men evri nicht.

Syne plashin throu the muirland burn,
The screichin whaups his men wid curse,
De'il birds, wha micht thaim aa betray,
An twin thaim o a weel-fillt purse.

Till in the howe-dumb-deid they'd strike,
Seize cattle-baists an aa their gear,
Slauchterin aa wha barred their wey,
Whiles spreidin terror, dreid an fear.

Tho the hot-trod micht weel be raised,
The blazin turf be heized aloft,
An slewe hounds lowsed tae cross the Tweed,
In vain the Tod is aft-times socht!

Back hame agane in his ain ha',
Wat Scott o Harden eyes the spoyl,
A bow o kye an bassened bull,
Thon's nae deif nits fir ae nichts toil!

Sae aiblins fir a month or twa,
Yer clan wid feast an drink an sing,
Sma pipe an fiddle lead the dance,
Till Aikwuid Tower's auld wa's wid ring.

Ne'er ye'll be fasht wi blashy nichts,
The clood that kythes nary a star,
Whan Phoebe's face is hid frae view,
An nane daur ride doun cleuch or scaur.

Till syne aince mair some cranreuch nicht,
The bugle's raised up tae yer lips,
The hunger's kennled aince agane,
An oot yer hellish legion slips.

Oot ower the heichs an howes ye'll ride,
Tae aiblins pruive prood Charlton's bane,
'Cornua Reparabit Phoebe',
There wull be munelicht aince agane!

The Mairriage Stane *

(fir David an Judy Steel)

They howkit me oot the grund,
e'en tho ah resistit wi aa ma micht;
Stane isnae easy won.
An wi a wheen camshauchelt lumps
 wis flung intil the wagon,
destined fir the dykes o Ettrick.
Some auld fellae taen the measuir o me
an noddit tae the cairter.
Syne twa o thaim heftit ma granin wecht,
an taen me tae the muckle touer.
Reuch haunds manhandled ma coarseness,
fore settin tae wi mell an chisel.
Ah wis lain doun bi a glacier
aeons ago,
an micht hae bade there by the burn,
else some hillside or field,
cursed fir brakkin a pleuchshare blade.
Syne chippin awa an warkin me wi drags,
the mason shaped an smuithed til he wis duin.
Nou here ah bide, abune the lintel,
'RS' an 'EM' *Anno 1602*,
ablow a craiscent mune;
the mairriage stane.
Time made me,
Man cairved me –
An luve pit me here.

* above a door lintel in Aikwood Tower there is a marriage
  stone.

Souch...

Buccleuch Church (remains of) says the map,
'Ruinous by 1566...'
the RCAHMS note is prolix;
Lowp the Rankle Burn an throu the slap,
intil a warld o auncient dwams an tales,
o michty harts, slain bi lance or arra,
an knichtly chieftains lain intil their nerra
kists, bidin til the last trump devales.
Hogg an Scott baith cam here oan some jaunt aince,
tae seek a font-stane, cairven o blue marble,
but dael-a-hate they foun o this famed mairvel.
Ah souched an taen leave o this seelent place,
the mantle green o forest's velvet rime,
slypes ower its wa's, an's tint agane in time...

General Poems II

Cultyir at Killie Odeon

'Cav & Pag'! ah hud tae tick that box!
Beamed live frae London's Royal Opera Hoose,
A chainge frae TV soap's domestic abuse;
'Rustic Chivalry'!? souns nice! But, ocht...
A wild mob they wir, richt radge an randie;
Ménage à trois a-plenty! An the schemin,
O thae big breistit screichin Tally weemin!?
Whase anely thocht wis playin houghmagandie!
Their menfowk, fu as whelks, wi muckle kytes,
(An awfy waste o twae braw Pooer-Loaders!)
The ane o wham shoat deid a big ex-sodger,
Wha'd shagged his wife (he claucht him bang tae rights!).
Gun crime!? This loat wir serial offenders;
Ah'll ne'er complain agane anent 'Eastenders'.

n.b. *This satirical and humorous sonnet was inspired after watching the live performance of Cavalleria Rusticana & Pagliacci at Kilmarnock Odeon cinema in Ayrshire, Scotland. The sonnet is written in Scots. This performance was beamed live from the Royal Opera House to global cinemas and audiences on the 10th of December, 2015*

Double Act

Whit wan o us wid tune in tae watch Wise,
There's nae box sets that bear the nem o Hardy,
Or fir that maitter Large or Hale, ah'd hardly
Gie hoose-room tae ony o thae guys!
As weans we'd ne'er hae bin much fasht wi Bill,
Or Perky – tho aiblins mibbes Jerry
Cuid hae raised a smile or twa; but ne'er hae
Scaled sic heichts himsel hysterical!
Gilbert sans George; or Gilbert sans Sullivan,
Mind, Burke micht hae escaped the hangman's snare,
An Samson still wid hae his lustrous hair –
Whiles Jonah cuid hae jouked thon great leviathan!
Sundance athoot Butch, or Clyde athoot Bonnie;
There's no the same cache wi juist 'One Ronnie'.

The Paralytic Games

Stirling late nicht revels, its toon centre,
Young yins breenge frae ilka pub an howff,
Faa'n-doun-fou, stotious, wi scowth an rowth;
This year's students aa oot oan a bender.
Glesga's Merchant Ceetie, they screich an yaw,
Ane sclimbs atop the indignant Iron Duke
An planks a traffic cone abune his snout,
Then faa's an cracks his heid an's taen awa.
Ootside the 'Madhoose', main street Auchinleck,
A fat man hings, cowpt ower the auld schuil dyke,
His troosers hing hauf-mast ablow his kyte,
While neds aa howl an hoot an staun an geck.
But this'll aa stoap suin, jist wait an see –
Whan aince a unit's fixed at 50p.

Delighted by a Dallop Outside Dereham

For Robert Macfarlane

Delighted by a dallop outside Dereham,
The droxy on a steep hillside at Dursley,
Descend with care that dumble in Donisthorpe –
Don your honky donks to gently daunder,
And fuddle round some fields in Bishop's Frome.
See Exmoor's ponies kreemee in hoar frost,
Or hussy your hands in keen Nor' winds in Kent.
Scrape maumble from a spade at Sixfields Stadium,
Da up'tak's when da caald wind blaas i Shetland.
Troll the tributaries of Cambridgeshire,
Shulve along the beach at Lowestoft;
The only way in Essex is to slomp.
It speaks to you the land that you thought dumb,
Learn its leid; and take it to your heart.

Glossary

Dallop	*Patch of ground among growing corn that has been missed by the plough (East Anglia)*;
Daunder	*To wander (Scots)*;
Droxy	*Of wood – decayed (Cotswolds)*;
Dumble	*Narrow, steep-sided wooded valley (Nottinghamshire)*;
Fuddle	*To potter around (Herefordshire)*;
Honky donks	*Heavy boots (Suffolk)*;
Hussy	*To chafe or rub the hands when they are cold (Kent)*;
Kreemee	*shivery with cold (Exmoor)*;

Maumble	*Moist soil that clings to the spade (Northamptonshire)*;
Shulve	*To saunter with extreme laziness (East Anglia)*;
Slomp	*To walk heavily, noisily (Essex)*;
Troll	*To ramble (Cambridgeshire)*;
Up'tak	*Rising of the wind (Shetland)*;
Leid	*Language/tongue (Scots)*.

Line 9 in Shetlandic dialect

'Da up'tak's when da caald wind blaas i Shetland'
(*The uptak's when the cold wind blows in Shetland*).

A Spider's Web Glazed With Frost

Like some vast metropolis viewed from space,
interconnecting lines discernible,
patterns emerge, becoming visible;
Or rigging below some fluttering pinnace,
cracks emanating from a stone that's thrown,
by an awestruck child upon a frozen lake.
The frenzied lines erasing some mistake,
cornfield conundrums made by hands unknown.

Charts depicting stellar endlessness,
joining dots in God's great puzzle book.
Entranced with nature's beauty I'm astounded,
and stand so close that with a breath it shook,
a spider's web glazed with frost, suspended
between eternity and nothingness.

Chairm

The Nith in spate, the valley sodden, fludit,
Cloods low an grey an drumlie, skies owercast,
A spavit yowe sprauchlin ower the field,
Whan oot the corner o ma ee they flasht.
Abune a hunner Gowdspinks wheelin, swarmin,
Birds that aften anely gang in pairs,
Yet, here they wir, ah'd ne'er seen sae mony!
Descendin oan the shilpit burrs o thistles,
Lang thin beaks that, hungert, probed daurk teasels,
Sairchin oot the meagre hairst it brocht thaim.
Then, up they'd rise agane, thon spunk o gowd,
A clood imbued wi virr, that held a spectrum;
Bricht yella, bleck an rid an white an broun,
A sicht tae mak the weary hairt jist soar!
Carduelis Carduelis, their nem a sang itsel,
Nae wunner they wir thocht a 'saviour' bird –
Raphael's *Madonna del cardellino*;
A Gowdspink flauchters i' the haund o Christ;
Stark warnin o the weird that he maun dree.
A watcht thaim tumble, wheel an disappear;
An aa the gowd o simmer faded wi thaim.

Elegy

Fir William an Isabella McCaw

This warld o oors, a warld o chainge,
Whaur aamaist aathing chainges evri day;
But here time's clock hus aamaist stopt,
Anely the imperceptible turn
O saison intae saison,
Measuirs oot Cormilligan's days.

Hou mony munes hae waxed an waned,
Syne aa the faimily taen the gate?
Hou mony Hairsts sown oan the hill,
An saufly gaithert in?
Hou mony sangs hus the Laverock sung,
The Peesie an the Whaup?

The door lies steikit apen nou,
Juist as it ayeweys did;
Ye'll fuin ease an contentment here,
Ye'll fuin nae ither place.
Sauf bield fir the weary traiveller,
Wi aiblins miles tae gang.

These rafters rung wi lauchter aince,
Juist wheesht, an ye micht hear,
The ghaists that's raxin oot tae us,
Touchin us *this* day –
An thon auld couple, haund in haund,
That's trauchlin up the brae.

Salmon at Euchan Falls

The cataract roars owre Euchan Falls,
when frae the pool's daurk eldritch cauldron depths,
the leevin projectile launches itsel,
taen unawares ah ruitit staun, enthrall't,
as Nature lowses aa her stairk raw pouer.
Hou mony hungry een hae watcht lik this,
no kennin whit that mystic cravin is,
the Force that draws thaim tae these magic hours,
that doon throu coontless ages kept thaim safe;
Ice age aeons, staundin stanes, cups an rings,
kirks an empires; aa are transient things.
Blinly the salmon mak their leap o faith,
they ask nae questions as they undertak,
the timeless journey each o us must mak.

Burnsiana

Burns Country

Mauchline ware an kitsch,
Knick-knackets, geegaws an ferlies,
Thon's yer kintra nou.
At the Holy Fair the stalls aa groan,
Ladent doun wi trashtrie,
Whiles hairy-arsed bikers,
An douce WRI matrons,
Aa vie tae wheedle oor placks frae us.
Poosie Nancies Inn's stowed tae the gunnels,
The boy in the snug strums his guitar,
'Sing it… sing it fir us nou!'
(he aye firgets the wirds when he's fou!)
The Catrine woods were yellow seen…
Benignly ye gaze oot ower aathing,
Takkin it aa in.
Yer grasshopper mind awa elsewhaur,
The fields, the wuids, the trees,
Alive wi birdsang, houlets an doo's,
Sparras an birds o paradise (why no?)
The fabled halcyon,
biggin its floatin nest oan the sea,
sowtherin aa tae calmness.
A braith o wuin souchs throu the birks,
'*An ilka bird sang o' its love,*
and fondly sae did I o' mine.'
The rose in bloom,
poppies in the hairst-time field,
daunderin wi yer latest limmer,
in a waukin dwam o thocht.
The raucous crood intrudes tae rax ye back,
The vennel thrang wi breengin bodies,
The fremmit souns o Rock n' Roll;

'Gie's wan bi the King!'
Coila wove a croun fir you,
Holly leaves an berries intertwined,
'C'mon, gie's wan bi the King!'
An in the snug aabody sings.

Portrait of Colin McLuckie

The Bard's wirds hae aa turnt til mools,
The canty sang's nou dowf an dool,
Time's redd awa yer picks an shuils,
Nae mair ye'll sing,
Whiles young anes mouth the wirds o fuils –
They're deif an blin!

You, as a boy at pickin tables,
Else, reddin-oot at Main-Gate stables,
Heard giants speak wha wir weel able,
Tae tell Burns' lays,
The thocht cam tae ye, you wid ettle,
Tae dae the same.

Sae frae yer piece-bag ilka shift,
The buiks ye'd prie an ne'er missed,
A chaunce tae set yer hairns adrift,
In poetry,
Whiles thae 'auld heids' wid keep ye richt,
Wi whit tae dae.

An later in the gairden shed,
Or setten oot yer onion beds,
The wirds ye'd gang ower in yer head,
Syne they wir richt,
Till then ye swooped lik some young gled,
In its first flicht!

Aye, Colin! There wis ne'er lik you,
Tae speik the leid sae leal an true,
Their nae dout ye'd thon gift enow,
Bi Druids divined,
That they wid train until it grew;
Bards o their kind.

Thon luik ye hae, as gif ye'd seen,
That laund whaur aince Kimeny'd been,
A warld lang-tint in some auld dream,
Ye tried tae tell,
The laump's gaen oot, aa's left auld frien's
A brucken spell.

Negative Sublime II
(or 'Portrait of Lord Byron')

50 Albemarle Street, Piccadilly,
Gaithert roond the famous fireplace;
John Murray and his son, Thomas Moore, Hobhouse,
Luttrell , Colonel Doyle an Wilmot Horton.
Some stare, some luik awa,
Torn pages faa lik white confetti,
Post-it notes o a legendary life.
A De'il's mask o reek an flames,
Yer licentious litany lowps up the lum!
Incestuous romps wi Augusta Leigh,
Caroline Lamb gane gyte an anorexic,
An lea'n us the legend she bestowed;
'Mad, bad, and dangerous to know!'
Threesomes wi the Count,
Threesomes wi the Contessa,
Buggering boat-boys in yer Gondola,
Servants sodomised, DP'd an abused,
Seduced bi your cunnilingua-franca,
Bastart weans produced, abandoned.
Nou the saund's rin oot – the gless is empty,
The dairts o time hae driven throu yer hairt,
Skulls grin – 'timor mortis conturbat me',
The paint's dried oan the palette o yer dreams.

Blind Ossian

Deep down the bucket drops
Into the well.
In light its silver cargo
Slops and fills the cup.
The blind bard drinks his fill.
On his face he feels the wind,
The rain, the welcome warmth of sun.
The elders give him things;
The feather from the Eagle's nest,
Six pointed antler from a mighty stag,
Seaweed, which he holds up to his ear,
A brightly burning lamp of precious oil.
So now he sees.
He sees the things the sighted cannot see.
He sees the field of battle from on high,
The heave and push of men,
The blood-stained earth,
The prow that juts onto the shingled shore,
And smells the smoke of endless funeral pyres.
They wonder at his tears,
And why, led to the cliff,
He stands for hours and stares out at the sea.

Sir Walter Scott

They dinnae ken ye really Wattie dae they?
But ahint thae suits o armour, auld aik caskets,
'See You Jimmy' hats an Empire Biscuits,
Yer hairt an mind cared anely fir yer kintra.
Lockhart in his 'Life' describes the scene,
Whan ye wir muived tae tears oan the plainstanes;
'Nocht that maks Scotland Scotland shall remain!'
Syne stelled agin the Mound ye hid yer een.
Losh! when they tried tae rob us o oor banknotes,
Malachi Malagrowther spake his mind,
An seen tae't thon ill-hairtit Act wis tyned,
(E'en tenners nou still kythe the face o Scott!).
Oor proto-nationalism hud began –
Scotland owed ne'er sae much tae jist wan man.

Blue Burns

This bears the hallmark of the
'King of Kitsch'.
Tretchikoff, who knew a thing or two,
About piling them high,
And selling them cheap.
I remember the lurid 70's wallpaper
And your ubiquitous 'Chinese Girl',
That hung among the chip-pan odour,
And Saturday's teatime football results.
So fitting you and Burns should finally meet.
Would you approve?
Or think the whole thing 'tongue in cheek'?
You're made for each other!
That quote you made about Van Gogh –
Priceless!
And Uri Geller worships at your feet!
(Wayne Hemingway likens you to Warhol!)
What's not to like?
And the auctioneer has a sweet-spot –
Between £500K and a million.

Twa Plack

The arse oot wir troosers agane,
Syne Darien til the Credit Crunch,
Nae luck aboot the hoose ava!
Fred shredded,
Broon's piggy bank tint,
Austerity measures,
An, ceptin fir the bankers,
Aabody's skint!
Scartin doun the couch
Fir the price o a pint.
Naethin new here tho –
'59, no a vintage year,
Despite Super-Mac's enunciation;
'Ye've nevir hud it sae guid!'
A stamp tae commemorate Burns!?
Awa an bile yer heid!
Gin we hud twa placks
Tae rub thegaither
We'd shairly fin some better ploy
Tae spend oor siller oan.
Tho gif ye've 40 Kopeks,
In Russia or Romania,
Thair's stamps aplenty
Commemoratin oor Bard.
Thon man wis richt enow;
'A prophet's ne'er honoured,
In his ain kintra.'

General Poems III

Apparatus for Determining the Absolute Om

Dram

Can 'Can'?

Can 'Can' Can-Can?
'Can' *can* Can-Can!
Can-Can can 'Can' –
'Can' can Can-Can.

On the Marriage of Dear Carr to his Beloved Girl

Eftir Robert Ayton

A wee pussiont 'pistle frae Ayton's gleg pen,
Gies Boabby Devereux a witherin blast,
Whilst handselin in Rab Carr's handfast
Tae Frances (doutin her chyce in men!).
Boabby it seems wis a Jenny Wullock,
Wha left Fanny's maukin fir years uncreeshed,
A larbar wha's pintle her dree decreed;
Tae dee lik Jenkin's Hen oan a hillock!
Fan's mairriage bed aye wis mair famine than feast,
Boabby – leistweys wi her! – wisnae randy,
(Ower mony gae-douns tae play houghmagandy!)
The torch o their mairriage nou dowsed, she's released!
Dame Natuir it seems aye hains back her stibble,
Frae fairmers wantin the graith fir tae dibble!

Maggie, Maggie, Maggie

I The Lanely Daith o Maggie Thatcher

The day they're mindin her wi hauf-mast flags,
Neist week they'll spend ten million oan her kistin,
Whiles Tony Blair, wi grief his een are mistin,
Nae dout he'll bray wi aa the ither windbags,
Wha'll gaither in the House tae sing her praise;
They'll deftly whitewaash ower Pinochet,
Mandela's refusal tae jine her fir some tea...
But frien ah've mind o ither lang-gane days,
New Cumnock here in Ayrshire aince wis bien,
Wi pits an factories pourin wages in,
Nou evriwhaur ye luik the place is duin,
Her *'legacy'* tae us? a thing obscene!
Her room's redd-up an trig nou at the Ritz –
Mercat forces wull see she isnae missed.

11 Maggie's Funeral*

Chorus
Step we gaily oan we go
Heel fir heel and toe fir toe
Airm in airm and row and row
Aa fir Maggie's funeral

Turned the news oan jist the day,
Maggie Thatcher's passed away,
Hip-Hooray the miners say,
We're weel shoat o Maggie!

Tebbit, Rifkind, Tony Blair,
Heseltine wi gowden hair,
Tellin us that she wis rerr,
Wha're ye kiddin!? Maggie!?

In the Falklands they're aa sick,
They'll be sell't aff double-quick,
Fir tae pey aff Cameron's tick,
They'll aa miss their Maggie.

Here in Ayrshire we goat screwed,
Aa oor miners oan the Buroo,
Noo a 'bedroom tax', whit's new?
You sure fucked us Maggie!

Nae mair pits fir her tae close,
Nou that daith's gien her a dose,
As she passes haud yer nose,
There goes stinkin Maggie.

* Tae the tune o 'Mairi's Wedding'.

Nou that Maggie's doun in hell,
The furnaces they'll hae tae sell,
'We're privatised!' the Deevils yell,
'Why did we tak Maggie!?'

iii   Everything Must Go...*

The Kaiser Biscuit American Bald Eagle
Realised almost half a million dollars;
More absurd and obscene lots soon followed;
A set of ten gilt miniature oil barrels...
Mencken's Dictionary of Quotations,
Hammered down for only fourteen grand;
An Emes and Barnard George iv inkstand;
Cinderella flounce and ostentation.
But now the room's abuzz, they look askance,
Blood drips from each hedgefund manager's maw,
As ravenously they surge and push and paw,
For surely now, the pièce de résistance;
Kellingley Colliery and its miners renowned,
Who'll start the bidding! Surely, come, a pound...?

* On Tuesday 15 December, 2015 Christie's Auction House
  held a sale of property that had belonged to the late British
  Prime Minister, Margaret Thatcher. The sale realised more
  than £4.5 million pounds. *The Guardian* dryly stated that 'she
  was worth more dead than alive'. Thatcher presided over one
  of the most bitter industrial disputes of the 20th century; the
  1984–85 Miner's Strike. Two days after this sale the last deep
  coal mine in Britain, Kellingley Colliery in North Yorkshire,
  closed.

Bank Robbers

Fir Mr Goodwin

In ma young days they wid hae bin ashamed,
Tae read it in *The Sun* or *Sunday Mail*,
Yin o their faimily lockt up in the jail,
Wi photie, mugshot, story; 'named an shamed'.
Ah've mind they aye wore masks an toutit guns,
Drave three-litre Capris, else Jaguar caurs,
Afore they goat bangt up ahint the baurs,
O Peterheid, Barlinnie, Perth or Saughton.
Nou they luik lik tellers, 'Ceetie Gents',
Armani suitit, haund-made buits bi Lobb,
In Marleybone ye'll hear new Porsche's throb –
Bocht wae a bonus; eichty-five percent!
Aye, aince they hung their heids at siclike ploys,
Nou bress-neckt bastarts boast aboot their boys!

Royal and Ancient

Wi aa square eftir twenty-seeven holes,
Young Bradley Neil gien ae last michty push,
Tae win the amateur title at Portrush;
Mind, Pinehurst an Hoylake's faur stiever goals!
Aa this wis brocht tae mind whiles oot the day,
Leafletin fir the Independence race;
Oan a rin-doun doorstep, Cairnhill Place,
Stuid a battert auld 'Big Bertha' Callaway.
This day, the anniversary o Bannockburn,
We're fechtin yet oan fairways an door steps,
Fir glory, or fendin pushers frae oor yetts;
'Royal and Ancient' gemms still tae be won.
Ah didnae like the sicht o thon auld mell –
Frae siccan things Scotland wull lowse hersel.

War Memorial, Afton Valley

Eftir Ungaretti

A muckle lumpen saundstane cenotaph,
ye maun jalouse this is nae thenkfu village,
whilst cairven at its fuit McCrae's famed adage;
'We will remember them.' As boys we'd daff
at hunts until the man chased us awa.
Whiles nou lang growne a man ah'm here agane,
tracin oot ilk waithert fadin nem,
an wunnerin, whit wis the uise ava?
Thon enigmatic Hermann Toffern,
KOSB, kill't at Gallipoli,
German/Jewish, it ne'er seem't odd tae me,
ye gien yer life fir aa that ye believed in.
An roond the warld these stanes keep mind the deid –
Nae maitter whitna race; aa bluid rins reid.

Roads

Fir John Manson

We taen a route ah didnae ken,
Windin throu Clarebrand an The Old Bridge of Urr,
Their auncient nems rolled aff yer tung lik legends.
The day wis a pictur postcaird;
Fields striped lik barber's poles,
Yowes wi lambs at fuit lay in the gress,
May's flourish kythed in evri lane,
An each bush held the bud o Simmer,
When suddent like ye quoted twa, three lines;
'*Scotland, when it is given to me,*
  As it will be
To sing the immortal song...'
Frae MacDiarmid's 'Ode to All Rebels'.
(Ah hud tae ask, which wis the poem?)
An as usual John ye patiently explained,
Lik the guid teacher ye are.
A braw day we'd hud,
Meenits dreepin slae as hinny,
Cantily craicin anent this an that,
Naethin, an aathing;
Reidhmasach, the hoose in East Sutherland;
Thon photie o yer forebears, stuid forenent the croft;
Else, Mayakovsky's dour-like intense gaze! –
The fireplace wa a mosaic o yer life.
The sun's fierce beams bored throu
Yer bricht reid curtain,
That in ma mind at aince becam a flag;
The same ane ye'd aye stievely mairched ahint.
Then syne time raxed tae bade us pairt at last,
Ah grupt yer haund an smilin taen the road.

Lermontov

Fareweel Unwasht Russia

Unwasht Russia, fare ye weel,
Kintra o slaves an sovereigns,
O licht blue polis uniforms,
An ye, the fowk that's tae thaim leal.

Aiblins ayont the Caucasus wa,
Ah'll frae yer Pashas derne awa,
Frae thae gleg een that aye see aa,
Thae lugs that miss naethin ava.

Ma Kintra

Ah lo'e ma kintra wi a fremmit luve,
That kythes nae rhyme or raison intil it,
Nae bluidy glorie bocht wi mailit gluive,
Nor peace that in prood confidence wis steepit,
Nor aa thae fand tradeetions o the past,
Can naethin steir ma hairt an haud it fast.

But yet ah lo'e, fir why ah canna say,
Her cranreuch plains hapt in an icy seelence,
The swey o boondless forests in her hielants,
Her rivers in a soom, lik seas, in spate.
Lowpie fir spang doun some cairt-road ah'll hie,
An glower slaely throu the mirk o nicht,
In howps tae spy some cot whaur ah micht stey,
Then glimpse some dowie clachan glentin bricht.
Ah lo'e the dwaiblie reek o burnin stibble,
A string o cairts stuid in the Steppe at nicht,
Whiles stuid atop a cornfield in its middle,
A pair o bonnie birk trees gleamin bricht.
Wi pleasuir that is unbekent tae mony,
Ah see a weel-stockt granzie plenisht fairly,
A cot-hoose theakt wi strae that's trig an bonnie,
Wi shutters cairved o wuid hung oan its windaes.
Whiles at the kirn upon a dewy evenin,
Ah'll hunker doun tae watch the dance til twal,
Wi aa its splores its dancing an its whistlin,
Tae hear the drucken fowk enjoy theirsel.

The Dagger

Ah lo'e ye ma steel dagger Damascene,
Ma leal an trusty fiere that's bricht an cauld,
An ill-daein Georgian forgit ye fir saut,
A free Circassian straik ye fir the fecht.

A lily white haund haes brochten ye tae me,
A mindin o the moment o oor pairtin,
Nae bluid rin doun ye at yer kirstenin,
But ae bricht tear, a pearl o sufferin.

An thae daurk een that cam tae rest oan me,
Wir lippin-fou o dowf uncanniness,
Jist lik your steel held in the dwaiblie flame,
Nou suddentlike growes dim, nou brichtly glents.

Thou seelent fiere, gien as a pledge o luve,
There's lear in you ah'll mind throu ma stravaigin,
Aye, ah'll nae chynge, ah'm siccar in ma saul,
Lik ye, lik ye, ma unbowsome iron frien.

General Poems IV

Six Swans a Swimming…

Oan seein a faimily o swans in the field neist ma hoose,
juist afore Christmas

Dear Santa…

Ah'm writin tae say that ah'm fair pit oot,
Six swans in the meedie – sae yin's left oot!
O the Christmas sang – there shuid be seeven!
It's enow tae stairt me stoap believin,
In you, yer reindeer, elves an toys,
(an this year ah'd bin a rael guid boy!)
Ah blame this Tory 'austerity' –
Thae fowr calling burds wull suin be three!
Six geese wull be five, nou that's some shock!
An Fowr gowden rings (wi yin in hock!)
An the anely thing tae mak Lords leap,
Wull be their 'expenses forms' this week!
We'll hae faur fewer than Eicht Maids,
Cause they winnae pey thaim the 'leevin wage',
The puir auld Drummers hae aa bin sackt,
(They refused new 'Zero Hours' contracts!)
'Swan Upping' tae t'wid seem's bin scuppert,
Fir e'en the Royals are oan their uppers!
There's nae pynt nou hingin up ma stockin,
The kintra's gaun tae the dugs, it's shockin!
Aye Santa, ye'll hae tae dae much better;
Ah've nae e'en a lum tae post this letter!

What the Alien Speaks of When he Speaks of Love...

Three clicks and five parsecs
since this planet was last visited;
Today I observed two members
of an unbefore observed species,
engaged in an elaborate mating ritual?
The universal translator identified
a 'quarry' near Linnhouse?
The larger JS 330 (obviously male?)
presented the smaller JS 130 (obviously female?)
with nest-building material –
these she accepted!
It is to be noted that the said materials
were the materials left over
from the 'Robo Trac' rock crusher's
spoil heap of aggregate.
The striking yellow and white plumage
of the JS species is most distinctive;
the strange JCB/www.dykesplantehire markings;
the unique tracked feet and bucket-like jaws.
Their behaviour was almost akin
To Australian Bower birds;
The male (setting out to impress?)
gifts the female mounds of stones.
If suitably impressed (and she was!) she accepts them,
and transfers them to a separate
and elaborate 'nesting' pile?
the male JS 330, encouraged by this acceptance,
offers more stone.
This too is accepted!
This hitherto unobserved behaviour,

(a first for Galacto Omni-Fauna Productions)
will surely go down in the annals
of cosmic ecological cinematography!
The mating behaviour of this species
remains a matter of scientific conjecture,
the ship's dilithium crystals being depleted,
we had to depart this planet's gravitational field
before ascertaining the species exact procreative
procedure.
It was noted by our science officer though,
the bipedal infestations the JS creatures suffer;
A biped was observed to pour an unknown liquid
into an aperture on the JS,
to which the JS did not object.
This (we assume) compares to the 'mutualism' of
birds on water buffalo that we have observed
on this planet?
The tenderness and affection of the JS;
Their cumbersome mating rituals;
The 'dance' they perform;
Their intimate 'nest-building';
(the newly observed 'ramp-building' behaviour?)
The 'love' (yes, love! I know some will disagree!)
displayed by the JS,
moved the ship's compliment to tears.
Next millennia, when we revisit this planet
we hope to record the first ever images
of JS progeny!
The footage posted on Phiz-Tome.com
has already received
the greatest number of hits ever
for a 'Cosmo-Gen' posting!
Life is out there droids –
and it will *not* be denied!

Dirty Des

Des decided tae sack Michael O'Kane,
Fir prentin Katie's norks in his newspaper,
Tho he hus plenty form wi siclike capers,
Thon micht hae sent his knighthood doun the drain!
Mind, Des wis no sae virtuous langsyne,
Wi 'Asian Babes' in his portfolio,
Sae why sae fasht wi this imbroglio;
He's shared the troch wi ither dirty swine!?
An gin ye keek at Page 3 o 'The Star',
There's breists that hae nae royal pedigree,
(Tho thae are fine fir aabody tae see!)
Sae Dirty Des why aa this brouhaha?
Whilst oan reflection this seems clear tae me;
Ye're canty barin *your* hypocrisy!

Gerry Sells the Jerseys

Whit's this a wee bird's whispert in ma ear;
The Michael Marks Award this year's bin dissed,
Bi poets whae aa taen the 'Fiddler's Bid'
Tae swan ablow auld Lizzie's chandeliers!?
Big Gerry C, wha's Irish ancestry,
Must shairly aa be birlin in their lairs,
Hus taen the 'Babyliss' trimmers tae his hair,
An's crawlin neath the Buck Hoose Christmas tree!
Keep mind this mob supported 'Desert Storm',
An prop the system up ye aince condemned,
Nou, ceptin Horovitz, ye're nem'd an shamed –
A fell day when Scots makars must conform!
Enjoy yer scones an Fortnum Mason's tea,
An keep an eye oot fir yer MBE

Gallus!

The silage field that lies doun in the meedow,
Is shorn o its first hairst; cropt close an clean.
Bleck specks o craws traverse it as they glean
A feast tae feed their weans, wha screich wi gusto!
Notes scattert oan a stave o nature's score,
Cocksure they swagger mangst the shilpit stibble,
Then stoap tae stab at the inscrutable,
That's swithly gien tae assuage the raucous splore.
The craws perform their annual capriccio,
Clean unawaurs o aa the joy they gie,
Tae pairt-time ornithologists lik me,
Wha luve their cockapentie braggadocio!
Ah'm shair in August, cam the saicent cut,
Oor gallus friens aince mair wull preen an strut!

Fourteen Coos

Fourteen coos follaein a rid balloon.
Smilin, ah thocht tae masel '*Hou surreal!*'
as they dumbly chased it across the field
tae some invisible Pied Piper's tune.
Queer bovine lang-nebbitness oan parade,
solemnly mairchin ahint their leader,
left-wheelin past the galvanised feeder,
the coos trot briskly oot across the glade.
Naïve survivors o the past year's plague,
loupin an jimpin lichtsomely wi joy,
credulous craiturs wi their auld wean's toy.
The chairm o this micht somehou seem gey vague,
Tae me it juist seemed magical somehou;
A rid balloon, follaed bi fourteen coos.

Lown

They ettle tae bigg anither Wind Fairm here.
Thae smilin fowk frae RWE,
at their 'community friendly' Open Day,
said Ashmark Hill is 'eminently suitable';
Twal muckle turbines, strung alang this rigg,
wha'll whoosh an thrum an hum wi Megawatts;
Creatin power fir twenty thoosan hames.
But stuid here at the door-stane o Monquhill,
lang syne forleitit tae the whims o time,
ah thocht oan auld Dalzell wha daily trekked,
tae Hunters shoap in hail or sleet or snaw,
a haurdy man, dour as these bleak hills.
Throu mildewed gless ah spy his Raeburn range,
ootside his shauchlet trailer faa's abreid,
the ruif's caved in abeich ae gable end,
his roostit lambin shed's in sticks an staves,
an weeds an nettles growe as heich's yer waist.
Ah threw a dowie luik alang the glen,
oot ower the hills, tae distant Corsoncon.
It's no the loss o this auld place ah'll grieve tho;
ah steik ma een – an *thon's* the thing *ah'll* miss.

If I Could Just Go Back There
Once Again...

If I could just go back there once again...
If I could just go back there once...
If I could just go back there...
If I could just go back...
If I could just go...
If I could just...
If I could...
If I...
If...
...

IM NHS

Martin's Moral Compass

For 'Dr' Martin Cheyne

Martin's moral compass isnae warkin,
Rewardin thae directors whae brocht shame,
Whiles giein puir staff nurses aa the blame;
Sae why are Martin an his Board aa shirkin?
Why hus a single mum bin gien the sack,
When thaim wha caused a front page national scandal
Get bonuses? It's time they goat a handle...!
But Martin an his Board the guilty *back*!?
This tapsalteerie warld o Martin's morals
Maks aa the fowk o Ayrshire shak their heids,
They ask, *'Whaur is the justice fir oor deid!?'*
While Martin an his pals aa help theirsels!
'Dear Santa, fetch a compass, if ye can –
Tae help pynt oot tae Martin richt fae wrang!'

Cuid Hae Duin Better...

Wee Davy, Boaby an masel,
Bewailin oor loat at three a.m.
As the boy in the side-room rantit an raved,
Respondin tae vyces wi sweirin an threats;
'Dae you think ah'm a paedophile, Roman Abramovich!
Dinnae tell me whit tae fuckin dae...!'
An this wis Christmas Eve;
Staff aff seeck, warkin unner oor nummers,
Left tae guddle as best ye can.
Somehou oor lang tint boyhoods cam tae mind,
In ane o thae daft hou-dumb-deid exchanges,
Report cairds aamaist forty year sinsyne,
Teachers that we hud; the guid an bad.
The laddie in the room wis gettin looder.
Mibbes we shuid phone the duty doc?
Then, the inevitable stramash;
Huckelt an jagged wi 'ten an two'.
Eftirhint we pechin, glumshy sat,
Stony faced as thae 'Burghers of Calais',
Nae yin meetin the tither's een.
Yet aiblins oor thochts wis aye-an-oan the same.

A Rhyming Epistle tae Dave Prentis

Dear Dave, ah've wrote tae you fir months,
Ah'm kindae gettin nou the hunch,
That you are ayeweys 'oot tae lunch'
    Whaur ah'm concernt,
Ah'm gettin scunnert wi your bunch,
    O malcontents.

Discontented that is wi me,
Whaes anely crime it's plain tae see,
Is talkin truth tae power, nae lee!
    Else whaur's the pruif?
Ye've ne'er replied, ye must agree,
    Ah speik the truth!

Whiles Dave it seems your main aim's loot,
Ye lang hae tint yer socialist ruits,
An taen up ither weird pursuits;
    Bank President...!?
Unity Trust , their cash doled oot –
    Tae Labour's lent!?

An ither joabs (ye've ten ah see!)
Oan braw 'Executive Commattee's',
Whiles draftin Labour policies –
    An Nuffield College,
Ye'd think Dave, at this learned see,
    Ye'd gain some knowledge!?

Ye swan aboot in fancy caurs,
Hob-nob wi Lords at congress baurs,
Wi traivel expenses, nane the waur,
 O bus-stoap queues,
An blithely slam yer oaffice door,
 Oan members views!

Nae wunner Dave ye hae nae time,
Tae write at aa (faur less in rhyme!)
Nou some micht reck this wis a crime,
 Tae treat yer 'comrades',
Wi sic contempt, whiles in the slime,
 Yer honour wades.

We aince hud fowk lik John McLean,
An James Keir-Hardie, giants o men!
Wha focht fir justice, no fir gain,
 But fir its sake,
Whiles nou oor union mandarins
 Are oan the make!

An aince wir comrades aathegaither,
Whaur warkers caa'd each ither 'brither',
But nou!? We're aa sell't doun the river,
 Bi delegates,
Ask thaim gin they wad fecht yer corner –
 Ye'll hae a wait!

The warkers!? Aye, they've hud their day!
Gin ye wir Dave whit wid ye dae?
Keep mind he's peyed a £100K
 Tae dip his snout,
'Worth evri penny!' the union say!
 (Ah hae ma douts!)

He spouts the rhetoric o the past,
Whiles leadin the 'Austerity March',
But Dave ma frien here is the catch;
    Ye talk the talk,
Yet evri plack in kind ye snatch,
    D'ye walk the walk?

Ma case is plain fir aa tae pree;
Ah asked fir an apology,
Yet you're deif, dumb an blin ah see,
    An hae nae mense,
It saddens me ye're loast ma frien,
    Tae common sense!

Tae publicly disclose ma tale,
Ye shuid hae focht baith tooth an nail,
Insteid yer union boys turnt tail,
    Ma case goat binned,
Ye left puir Rab athoot a sail,
    Tae twist i' the wind!

An whit a tale! Wi twenty deid!
O arrogance, an corporate greed,
An cover-ups, an dirty deeds,
    It hud the loat!
An yet the union syne secedes,
    An sank ma boat!?

Whaur wis the legal advice fir this?
There shairly hus bin some remiss?
O hou a 'stick-oan' case wis dissed,
    Bi union donkeys,
Nou organ-grinder Dave get pissed,
    An sack some monkeys!

Ah blew the whistle shrill an lood,
An caa'd upon your union brood,
But when ah turnt tae luik ah stuid
    Aa oan ma lane,
Whaur nou wir aa thae 'comrades' prood?
    There wisnae ane!

Oh Dave, ye shuid hae risked some losses,
Insteid o siding wi the bosses,
Aiblins nou ye'll bear the crosses,
    That cam wi shame,
Else mibbes ye'll no gie a toss as –
    Ye pass the blame!

In unions ah've spent forty year,
But Dave, ah've hud it up tae here!
Ye're sleekit, sly an insincere,
    Ah've bin a mug,
Ye robbed me baith o walth an gear,
    Tae pey yer subs!

Ah've hud enow o aa yer talk,
Lik Orwell's pigs wha learnt tae walk,
Ye've sell't us oot Dave, gang an hawk,
    Elsewhaur yer wares;
Con mair daft sheep tae jine yer flock –
    Ah've ceased tae care.

Else, hide ahint yer secretaries,
Or weasel wirds quite damnatory,
Or lock yersel in lavatories,
    An stey weel hid,
Ma honest tale is salutary,
    Tae public guid.

Aye Dave, ye've langsyne sell't the jerseys,
Yer principles wir transitory,
Let ithers listen tae yer story,
    Ah've hud enough;
'We treat our members with dignity.'
    An siclike guff!

Mibbes it's time tae bring the law,
Tae fowk wha'll jist no listen ava,
An ah'll admit ah've taen a staw,
    Tae fowk lik you,
Wha bombast spout, an rubbish jaw,
    That'd mak ye spew!

There's retribution comin tae ye,
An ah'll admit Dave ah'm no sorry!
Ah've begged six months an apology?
    A damnt disgrace!
Let's mak the stakes a wee less paltry,
    Ye've ran yer race!

NHS Ayrshire's Garland –

(a new Song) – wi apologies tae Robert Burns *

Honesty, Honesty, ye wir nailt tae a tree,
While the babe wis flung oot wi the watter,
Whaur nou can we prie yer *'Transparency'*?
It's fell tae the grund wi a clatter, Honesty
It's fell tae the grund wi a clatter!

FOI, FOI, did ye deal oot a lie?
But nou ye've bin claucht wi yer breeks doun,
Wi Dunion's help, ye've bin gien a skelp,
Yer rid faces aa wear a froon, FOI
Yer rid faces aa wear a froon.

Toun o Ayr, Toun o Ayr, d'ye think it wis fair,
That sic chauncers shuid still be in joabs?
McNally nou pleads, cries *'Aff wi their heids!'*
Fir years the taxpayer's bin robbed, Toun o Ayr
Fir years the taxpayer's bin robbed.

Wee yin, wee yin, wi a hairt made o tin!
Lik Pilate ye swith waasht yer haunds,
Yet aye cam oot tops, in Facebook photo-ops,
Aye, naebody's sorry *ye're* gaen, Wee yin,
Aye, naebody's sorry *ye're* gaen!

* Inspired by Robert Burns's great satire 'The Kirk of Scotland's
Garland'.

Bungler Bill, Bungler Bill, ye wir ower the hill,
Yer bauble haes loast aa its lustre!
Ye cuid hae duin mair, gin ye'd growne a pair,
An axed twae or three frae the muster, Bungler Bill,
An axed twae or three frae the muster.

Uncle Boab, Uncle Boab, when ye're oot o a joab,
Yer secretaries aa wull be greetin!
Nou ah'm no bin funny, ah wid hae peyed money,
Tae see ye at Honest John's meetin, Uncle Boab,
Tae see ye at Honest John's meetin.

Fiona Mac, Fiona Mac, tak yer knife oot ma back,
Ye maun keep yer heid doun in the trench,
Best play deaf an dumb, an keep yersel mum,
An mibbes ye'll jouk aa the stench, Fiona Mac,
An mibbes ye'll jouk aa the stench!

Doactir G, Doactir G, ah'm shair ye'll agree,
This troch ye hae lang hud yer snout in,
Micht nou mak ye choke, else gie ye the boak,
As MSP's aa pit the boot in, Doactir G,
As MSP's aa pit the boot in!

Flyman Mark, Flyman Mark, kept us aa in the daurk,
Wi Oxbridge credentials ye fuiled thaim!
Nou ye've shoat the craw, we're gled ye're awa,
The arse oot yer troosers? Best shew thaim, Flyman Mark
The arse oot yer troosers? Best shew thaim.

Cocky Craig, Cocky Craig, wi yer answers sae vague,
Whan questiont anent yer fine governance,
Ye've grewn sae mim-mou'd? wha aince wis sae prood?
Whiles nou there's jist deafenin silence, Cocky Craig,
Whiles nou there's jist deafenin silence.

Guidtime Gail, Guidtime Gail, whaur wull ye shak yer tail,
Nou yer luiks they hae meltit lik snaw?
Jist rax oot an take, some mair waddin cake,
Afore yer next man rins awa, Guidtime Gail,
Afore yer next man rins awa.

Ringle Ee, Ringle Ee, nou that ye've hud yer tea,
Pit yer peen-strippit suit in the bin,
The ba's oan the slates, but whaur's aa yer mates?
They left ye tae twist i' the wuin, Ringle Ee,
They left ye tae twist i' the wuin.

Barbie Mag, Barbie Mag, lik a whippet in drag,
Jist whit time did ye slip awa hame?
Ye fittit me up, then sell't thaim a pup,
An gien that puir lassie the blame, Barbie Mag,
An gien that puir lassie the blame.

Honest John, Honest John, dinnae you stey yer haund,
Whan dishin oot P45s!
This stink's ower lang hung, ye maun redd oot this dung,
Frae the NHS byres o Ayr, Honest John,
Frae the NHS byres o Ayr!

Poet Rab, Poet Rab, wi yer gift o the gab,
Wi yer wit ye hae lasht thaim ower lang,
Best lea nou tae those, wha'll gie thaim a dose,
O a medicine faur ower strang, Poet Rab,
O a medicine faur ower strang!

** Characters appearing in this work are fictitious. Any resemblance
to real persons, living, or dead, is purely coincidental.

Leviathan

(Owerset frae Job 41: 1 – 34, fir Paul Gray)

Can ye laund the Leviathan wi a heuk,
Or hankle his tung wi a raip?

Can ye pu a bit bailer twine throu his neb,
Or durk his jaw wi a heuk?

Wull he aye-an-oan beseik yer mercy?
Else, hum ye wi gentie wirds?

Wull he thirl ye wi some sleekit greement,
Tae tak him fir yer slave?

Can ye mak him a pet lyk a papingay,
Or leash him fir yer lasses?

Wull traders barter their wares fir him,
Divvy him mangst the merchans?

Can ye lowse intil his hide harpoons,
Ludge leisters in his heid?

Gin ye lay haunds til him wull ye mind the tyauve,
An ne'er dae it agane!

Ony howp tae daunton him is fause,
The sicht o him's ower-pooerin.

Nae-wan is fierce enow tae roose him.
Wha then daur meddle wi me?

Wha's claimed that A maun pey the lawin?
Aa unner heivin langs me.

A wullnae fail tae speik o his limbs,
His strength an gracefu mien.

Wha'd daur tae strip him o his plaid?
Wha'd bell him wi the branks?

Wha daurs tae apen the yetts o his mou,
Ring'd wi fleysome teeth?

His back haes rowes o shields ticht packt,
That nae braith passes tween.

Jyned fast they cling til ane anither;
Ne'er tae be sindered.

His snirtin flings oot glisks o licht;
His een lyk daw's first skime.

Fire-flaucht cams streamin frae his mou;
Lowsin skinklin sperks.

Wreaths o smeek tuim frae his neb,
As frae a pat that's bilin.

His braith wad set the coals ableeze,
An flame dairts frae his gab.

Baggit wi thew his neck's lyk a bull;
Hert-scaud gangs afore him.

The faulds o his flesh are tichtly jyned;
Stievely rucked, unbowsome.

His muckle chist is haurd's a rock;
Teucher as a millstane.

Whan up he rises, the michty are fleyed;
Tak leg-bail frae his threshin.

Ilk swuird that raxes him dis nae ill;
Nor spear, nor dairt, nor javelin.

Iron he boos lyk a windlestrae;
Bronze, lyk rotten wuid.

Arras cannae mak him flee,
Sling-stanes skite aff lyk chaff.

The mundy haimmer tae him's strae,
At rattlin spears he lauchs.

His unnersides are jagged as potshards,
Lea'n tracks lyk threshin sledges.

The deep he churns lyk a witch's caudron;
Steers sea lyk an eyntment pat.

Ahint him he leas a glistenin wake;
As gin the waves gaen lyart.

Naethin oan yird is up wi him –
A craitur wi'oot fear.

Oan thaim that's hauchty he luiks doun;
He's king ower aa that's prood.

Armistice Day

For Bill Stevely, CBE

Coincidental that this has occurred,
so close to Armistice Day.
Four years now I have fought this war,
a war for truth, for justice, for fairness;
the war that never ends.
Till here we now are,
gathered round this table of staff officers,
no mud or stain upon their perfect suits;
whilst I must play the hapless Private Hamp.
The Stage three Grievance will be heard,
taken to avizandum , where, abracadabra,
the stock decision will be taken from its shelf,
dusted down and delivered.
And quietly I shall be lain down,
with the millions of others deceived.

Owersettins

Epilogue

Owerset frae Charles Baudelaire (1821–1867)

Wi heirt at ease ah trauchle up the brae,
Tae view the ceetie spreidin oot ablow,
Hospitals, brothels, hell an purgatory,

Whaur evri outrage blossoms lik a flooer,
As satan weel ye ken, wha gars me grue,
Ah didnae gang tae greet awa the hour;

But lyk ane auld rap wi his doitit hure,
Ah thocht tae get fou wi the muckle jad,
Whase hellish chairms ma daft days ayewis lure.

Sae whether ye dwam awa aneath the sheets,
Chokit fou an snivellin wi the cauld,
Else in gowd trimmins strut abraid the streets,

Ill-deedie place ah lo'e ye! Heich cless randie
Or reiver, ye aftime haud oot pleasuirs
Ayont the kennin o the reuch clamjamfrie.

Ah wis Deid, Syne Leevin

Owerset frae Jalāl ad-Dīn Muhammad Rūmī
(1207–1273)

Ah wis deid, syne leevin.
Greetin, syne lauchin.

The pooer o luve cam intil me,
an ah becam fierce lik a lion,
syne gentyl lik the starn o e'en.

He said, 'Ye're no gyte enow.
Ye dinnae belang this hoose.'

Ah went wud, wis boond haund an fuit.
He said, 'Aye-an-oan no wud enow
tae bide wi us!'

Ah bruck throu til anither level
intil joyfuness.

He said, 'It's no enow.'
Ah dee'd.

He said, 'Ye are a clevir wee chiel,
fou o ferlies an douts.'

Ah poukit oot ma feathers an becam a fuil.
He said, 'Nou ye are the cannle
fir this assemblie.'

But ah'm nae cannle. Luik!
Ah am jist airtless reek.

He said, 'Ye are Chief amang us, wir guide an maister.'
But ah'm nae dominie. Ah hae nae pooer.
He said, 'Ye aareadies hae wings.
Ah cannae gie ye wings.'

But ah hud a lang ee fir his wings.
Ah felt lik an auld hen, anchort tae the grund.

Then brent oangauns soucht i' ma lug,
'Dinnae muive. A byordnar gyft is
ettlin taewart ye.'

An auld luve whuspert, 'Bide wi me.'

Ah said, 'Ah wull.'

Ye are the well-heid o the sun's licht.
Whilst ah am the willow wand's sheddae oan the yird.
Ye turn ma tattertmallions tae buskit braws.

The saul at daw is lyk til daurkent watter
whaes mou slaely forms tae say Thenk ye, thenk ye.

Syne at close o day, agane, Venus tentie
chainges intil the mune syne til the hale lift o nicht.

This cams o smilin back
at your smile.

The Graundmaister hauds his wheesht,
ither than muivin his seelent pieces athort the buird.

That ah am pairt o the ploys
o this gemm maks me
unco happy.

The Tuim Boat

Owerset frae Chuang Tzu

He wha rules men's lives leeves in confusion;
He wha is ruled bi men leeves in sorrow.
Tao thairfore ettled ne'er tae infit ithers
Nor hae ithers infit him.
The wey tae win free o ramfeezlement
An free o sorrow
Is tae leeve wi Tao
In the laund o the muckle Void.

Gin a man is crossin a river
An a tuim boat breenges intae his ain barge,
E'en tho he is a thrawn ill-tempered chiel,
He'll no get ower angry.
But, gin he sees a man in the boat,
He'll bawl at him tae steer awa.
Gin his screich isnae heard, he'll bawl agane,
An yet agane, an stairt sweirin.
An aa acause there is a chiel in the boat.
Yet, gin the boat wir tuim, likesay,
He widnae be bawlin, or be angry.

Gin ye can tuim yer ain boat
Fordin the river o the warld,
Nane wull oppose ye,
Nane wull seek tae hairm ye.

The straicht tree is the first tae be cut doun,
The spout o clear watter the first tae be drained dry.
Gin ye weesh tae impruive yer wisdom
An shame the ignorant,

Tae cultivate yer character
An outshine ithers;
A licht wull shine around ye
As gin ye hud swallaed the sun an mune:
Yet ye'll no avoid mishanters.
A wycelik chiel hus said:
'He wha is content wi himsel
Hus duin a warthless wark.
Achievement is the stairt o failure,
Fame is the stairt o disgrace.'

Wha can lowse himself frae achievement
An frae fame, descend an be loast
Amang the masses o men?
He wull flow lik Tao, unseen,
He wull gang about lik Life itsel
Wi nae name an nae hame,
Simple at hairt, athoot ony distinction.
Tae aa appearances he is a fuil.
His steps lea nae trace. He hus nae pouer.
He achieves naethin, hus nae reputation.
Syne he judges naebody
Naebody judges him.
Sic is the perfect man:
His boat is tuim.

---

* Chuang Tzu (c.369BC – c. 286BC), was an influential Chinese
philosopher who lived around the 4th century BC during the
Warring States period, a period corresponding to the summit of
Chinese philosophy, the Hundred Schools of Thought. He is
credited with writing—in part or in whole— a work known by
his name, the *Zhuangzi*, which expresses a philosophy which is
skeptical, arguing that life is limited and knowledge to be gained
is unlimited. As a Daoist philosopher, some claim his writings
reflect a form of Western relativism, while others question this
revisionist interpretation.

The Gowden Boat

Owerset frae Rabindrath Tagore (1861–1941)

Cloods rumblin i the lift; blaudin shooers.
Ah coorie-doun bi the riverside, dowf an alane.
The stooks lig gaithert,   hairst is ower,
The watter in spate gey near burstin its banks.
As we sheared the paddy it stairtit tae rain.

Ane wee paddy-field, nane but masel –
Flude-watters swirlin an pirlin aawhaurs.
Trees oan the faur side   slaister sheddaes lik ink
Oan a toun pentit grey in the mornin's daw.
Oan this side a paddy-field, wi nane but masel.

Wha is this, steerin inby the shore,
Singin? She haes the souch o a body ah ken.
The sails are happit wide,   she glowers aheid,
Waves brak tentlessly agin the boat aither side.
Ah luik an jalouse ah hae seen her face afore.

Oh tae whit fremmit launds dae ye sail?
Come tae the bank an tie-up yer boat fir a wee.
Gang whaur ye ettle,   gie care whaur ye may,
But cam tae the bank a meenit, an lowse yer smile.
Tak awa ma gowden paddy whan ye sail.

Tak it, tak as muckle as ye can cairry.
Hae ye mair? Naw, nane, ah hae stowed ye fou.
Ma eident darg   here bi the watter –
Ah hae pairtit wi it aa, the hale jing-bang:
Nou tak me as weel, be hamelie, tak me abuird.

Nae room, nae room, the boat is ower wee.
Ladent wi gowden paddy, the boat is fou.
Athort the drumlie lift   cloods heeze back an
forrit,
Oan the bare-as-birkie bank, Ah bide alane –
Aa that ah had haes gane: the gowden boat taen aa.

General Poems v

Desert Island Discs

The one I would have liked to have heard?

When Viv Stanshall played 'Old Tige' eight times.

At the Church of the Latter Day Empiricists...

He's got the whole world in his hands...
He's got the whole world in his hands...
He's got the whole world in his hands...

He's got great big fuckin hands...

God's Telephone Number

Our numbers are quite similar,
one digit out,
so people phone me
and think it's him.

They ask me to cure them
of dreadful diseases,
I say OK,
but then they die.
You'd think they'd know better by now.

One guy asked to win the Lottery,
and he did,
ten million quid!
And *he* was an atheist!
Now he believes –
I feel bad about that one.

Another said 'You don't exist!'
Prove it I said,
then I hung up.

David Bowie phoned
complaining he'd had no hits for years,
I told him not to worry –
next week he was number one.

It's all a question of belief really.

Glenafton 2 Camelon 0

The semi-final o the Junior Cup,
Underdogs, the Glens wir written aff,
Until the gods it seemed hud the last lauch;
Fifteen meenits gane – the Glens wan up!
Abune Loch Park the sun shone in the lift,
A lane craw bravely mobbed a thievin Gled,
Ye'll ken yersel hou Delphic signs are read,
An ah kent then that we'd bin gien a gift,
An oan that day that naethin cuid gae wrang,
We roared oor heroes oan wi somethin yet,
When Findlay Frye's shot nearly burst the net;
A sea o rid an white the terrace sang.
Pythia smiles, sic clashes bring tae mind,
Hou Xerxes' airmies an his fleet wir tyned.

Heich Simmer

Heich Simmer, wuin is wimplin aa the gress;
atween Tynron, Penpont an Moniave,
Red Campion maks the verges cam alive,
an ilka tree is buskit in its best!
A blinter blaws the blossom aff the trees,
the year, near brucken-backit's ladent doun
wi aa the pregnant promise gien bi June;
Hairst handsel't oan this waarm confetti breeze!
The braes are stey, that aince ah sclimbt wi ease,
ilk Southern Upland peak's pickt oot in green,
an fields o bere an wheat growe hale an bien –
the merle abeich the hawthorn's sang gies bleeze.
Whit fule stravaigin here cuid fail tae praise,
The dearthfu treasuir hained frae siccan days?

Eftir the Kistin*

Nae dout they thocht it richt tae yird him here;
Sun settin aff the hill o the great sea.
Nou jist we twa are left, auld Rolf an me,
Tae hap him owre an derne awa his gear;
The bonnie preen fixt tae his chieftain's mantle,
His muckle sword an targe, its boss o iron,
The battle-axe Fjôrsváfi, Wulf's braw flagon,
An wallie jesses frae his favourite tiercel.
The screichs an screams are gane, an auld claith sail
Coors her face, growne blae in daithly pallor,
O thon puir thrall wha seen him tae Valhalla;
An lick-ma-dowp, the skald, haes telt his tale –
Ah'd like tae tell him whaur tae stick his lays!
A bastart o a man, frien! Aa his days!

* Sonnet inspired by the discovery of an ancient Viking 'boat
burial' at the Ardnamurchan peninsula on Scotland's west
coast. The derivation of the name Ardnamurchan means
literally 'the hill of the great sea'.

Kistin: *part of funeral ceremony and rituals before burial.*
Yird: *bury.* Hap: *cover.* Derne: *hide.* Preen: *pin.* Mantle: *cloak.*
Muckle: *large/great.* Targe: *shield.*

Fjôrsváfi: *Viking 'kenning'/name for weapon – literally
'Life-force taker'.* Braw: *lovely.* Wallie: *fine/beautiful.* Jesses:
leg straps for restraining/handling a falcon. Tiercel: *the male
Peregrine falcon.* Screich: *screech.* Blae: *blue.* Thrall: *lowest
class of person/slave.* Lick-ma-dowp: *flatterer/'Arse-licker'!*
Skald: *Viking poet/bard.*

The Auld Toon Schuil

The Cooncil's daein up the auld Toon Schuil,
A banner proudly boasts its restoration,
Swarms o men in safety hats buzz roond,
An scaffolding cleids evri eik an en.
Gleg slaters slate, an jyners plane an saw,
Whiles boys wi barras breenge an bawl an shout,
Wi clatty glaur clung tae their steel-taed buits.
Ah'm stuid wi camera, capturin these things,
A nemless man, stuid jist ayont their yett,
Gaitherin up a hauntle photiegraphs.
The auld gym's bin torn doun, whaur aince ah danced,
Wi Ann MacSween, the doactir's bonnie lassie!
Blue-eyed, her chestnut hair tied back in ribbons,
That floatit oan an air o fiddle tunes;
A Caterpillar digger trundles ower,
Whit aince wis its braw vairnisht wuiden flair,
Nou jist a mound o mangled steel an gless.
Nine million pound, they're spendin oan this refit;
There's muckle drains an reinforcin mesh,
An dumpers cairtin jaupin loads ae concrete,
A termite nest o eident, eager labour.
Ah notice, in ae corner o the yaird,
Naitly stackt, the ane oan tap o tither,
Aa the auld cast-iron radiators,
Pentit broun, else ither shades o Hairst,
An somethin draws me tae the chain-link fence,
The bairntid mindin o some cranreuch playgrund,
Fou o screichin weans an slides o ice,
Haunds rid-raw wi flingin piles o snaw-baws,
Then cletterin back tae clesses at the bell,
Tae roast oor fingers oan that scaldin iron!
It maks me smile tae think nou there they lie,

Jist twa-three feet awa, upon a pallet,
Ah rax ma haund tae aiblins reach an touch thaim;
But, aye-an-oan, they bide, jist oot o reach.

Here We Go, Here We Go, Here We Go...

'*Victorious warriors win first and then go to war, while
defeated warriors go to war first and then seek to win*'
SUN TZU, The Art of War

Ootside the baths we shuffled oor feet,
freezin fog happit ower the Horrals,
the pitheid lik an L. S. Lowry pentin,
else, some auld black an white Victorian photie.
Mairch; snell, cranreuch, bitin cauld,
haunds thrust deeply intae poackets,
bunnets pu'd doun ower oor lugs,
we waitit.
Forty or fifty men, piece bags slung,
towels rowed up, unner wir oxters,
braith expelled in cloods;
stirks in a slaughterhoose pen.
Then, the union guy appeared,
an stuid oan the wa, forenenst the canteen.
He tellt us fair an square the die wis cast,
the Yorkshire boys aareadies aa wir oot,
an syne the feck o us wid dae the same.
Some muttert aiths ablow their braith,
ithers stared at naethin.
The aulder heids amang thaim bowcht a bit,
they'd bin here afore; kent whit wis comin.
Across the caur-park twa-three craws
wir pickin at an empty paper pock.
Some young yins lauched an joked –
their een wid suin be opened.
Ah spake oot, an said it wid be folly,
but naebody peyed me ony mind.
An thon's hou it stairts,
thon's hou it ayeweys stairts.

Polquhirter

Fir ma mither

Ma mither warkt wi flooers aa her days,
in quate sheds she wrocht her noiseless airt,
concoctin the bouquets o Cupids Dairt,
arrangin floral tributes that cam frae
aa corners o the globe, an wid convey
fond wishes frae the corners o fowks heirts.
Their fragile fleetin beauty micht impairt
the unsaid words the fowk aye meant tae say,
sae that insteid, they said it aa wi flooers;
tung-tackit rituals stammert in church aisles,
dour Valentines lovers wi their red rose lures.
Nou auld couples tenderly reminisce whiles,
owre dusty photie albums that ensure
hauns touch, recall yer flooers, an they smile.

Wheel

Swing o mell,
Arc o pick,
Heft o spade,
Sweep o scythe...

Sappy chunks o rosebay willowherb
Gang fleein frae the strimmers deidly orbit,
Tenacious nettles faa in airmy swathes,
Felled in ranks bi a two-stroke Gatling gun.

This grund that lang hud gang tae seed,
Wid nou be tamed, correctit, brocht tae heel.

Yella shells o snails, wha'd cooriet undisturbed,
Appear lik nuggets mangst the mossy ruits,
As sunlicht, thon bricht stranger, enters in.

Then suddentlike a fremmit metal ping
Maks me pause an stare doun at ma feet.
A roostit ring wi iron spoke haes kythed
Throu shilpit sile an taiglie mattit fankle.

Ah cut the engine, lay the strimmer doun,
Tak aff ma safety goggles, harness, gloves,
An prise ye free wi sweity eident haunds.
A wheel.

Ah scrape the muck aff, dod ye oan a stane,
An clear ye ring abune the traffic's noise.
'Nou whaur hae you cam frae auld frien?' ah speir,
Whiles dichtin doun ma dirty overalls,
Tae plank masel abeich the auld stane dyke.

Thair nae dout ye've lain here a muckle time,
Aiblins mibbes frae graundfaither's day?
Ah guessed that it hud bin a barra wheel,
Whase aixle-tree hud brucken, aince sair worn,
Ladent fou wi weichtie blue whunstane,
Snapt clean throu, an left ye lyin here?

Auld Robert tho wid no hae bin best pleased,
Ah kent he'd set young lads tae straichtenin nails,
Sae why gie ower a treasuir sic as you?

Whan at New Cumnock station as a boy,
He'd bin rin ower bi siclike iron-shod wheels;
A luggage trolley they'd bin daffin oan –
It smashed his legs an crippled him fir aye.

A gey determined man the auld yins said,
Undauntit, he sat doun upon the flair,
Cross-leggit he arranged his buckled shanks,
An set hissel tae lairn the tailorin tred.

Thon wheel that won fir him thae big black crutches,
He hobbled oan throu saicent-haund buik fairs,
Sauved him frae thon sad fate o maist his friens;

He fell aff, whiles they aa tae a man clung oan,
The feck o thaim wir aa killt at the Somme,
Else ither bluidy senseless conflagrations.

Whiles ye sat wi yer French Curve tailor's rule,
An shewed westcoats wi watch-fob button holes;
Measuirin oot the war in peen-stript suit-lengths.

It lat ye buy this wee ten acres here,
Whaur mither wis the aipple o yer ee,
Ye'se sent her aff tae London, Constance Spry,
Tae lairn tae be a florist an a lady.

But here, ah've lain ma hairns asteep enow,
Polquhirter's needin tamed, an ah'm the man,
Unbidden ye've cam here intil ma haund,
Ah'll ne'er solve yer circular riddle-me-ree.

Auld Robert aiblins cast you frae his haund,
A mindin o the wey life micht hae turnt.
Ah tamped ye doun ablow a haip o sile,
An left ye there, snug, ticht agin the dyke.

Swing o mell,
Arc o pick,
Heft o spade,
Sweep o scythe...

The Christmas Bulbs

Ablow the hiss o Tilley laumps they staun,
raxin ghaistly silhouettes frae bairntid,
fillin pots wi loamy peat,
haunds delvin in the pile set oan the table.
The weemin, happed in jaikets,
scarves an mufflers,
gaudy colourt tammies,
knee length buits or wellies,
that vainly sair tae haud awa the cauld;
braith quately exhaled, in wraiths, lik halos.
Abune thaim, a ruif o greenhouse gless,
whaur glents the unkent starns.
Heids bowed, intent, they gaither up the bulbs
frae bulgin hempen secks,
fremmit Dutch wirds stencillt oan their sides.
Their faces glow, lik saunts,
aneath the laumps saft lowe;
fingers warkin swipper,
packin pulpy fibrous tubers doun.
Then wrappin thaim wi care in pastel shades,
paper backed wi cracklin cellophane.
A 'Night Watch' scene,
desairvin o some Rembrandt.
Cam Easter time the Amaryllis flooers
will bleed oan windae sills;
rid, vermilion, scarlet, pink, rose madder.

Equipoise

Ah'm mindit oan oor Laura, an masel,
daffin awa inside a muckle greenhouse;
Oor vera ain proto Eden Project,
October rain stoatin aff its gless,
whaurin we are hained sauf frae the warld.
Aroond us the growin saison's uiseless trashtrie;
Breidbuirds that held chrysants tender shuits,
slaistert tins o rich pink ruitin paste,
a bing o pots bidin Christmas bulbs.

We twa hae biggit tae wirsels a see-saw –
a twelve fuit baton oan an auld ile drum.
Tae even oot the odds atween oor weichts
ah shoogle, tentie, forrit alang the plank,
its splintert wuid reuch upo ma haunds,
til syne ah reach thon Archemedic pynt;
an twa bairns blithely loss theirsels in play.

This cranreuch nicht stuid here in the Botanics,
whase Palm Hoose gless this memory awauk,
ah'm warstlin i the howes o dismal thocht,
an ettlin hou life goat sae oot o kilter.
Heich abune the lift a crescent glisks,
the auld mune in the airms o the new;
a dowie portent aince, ma mind jaloused.
Atween her horns she eydent cradles Venus –
aathing in balance thair amang the heivins.
While oan the yird ah blinly strive tae fin,
a souch o that forwandert equipoise.

Shards

Still bound tae this laund
auld 'jag-the-flae' wrocht fir,
cross-leggit oan the Co-operative flair,
hirplin tae buik fairs oan his cripple's crutches,
saufin his haurd won wages week bi week.
Sent ma mither doun tae 'Constance Spry' –
'Ah micht hae mairriet some rich englis fairmer…'
but she didnae;
mairriet John insteid, an hud us three.

This wis whaur the great greenhouses stuid,
eichteen feet wide, a hunner feet lang,
begged an borraed, bocht wi aa we hud.
But Common Mercat forces wiped ye'se oot –
an wunter brocht the icin oan the cake,
that shattert dreams an asticles an gless.

Oor new hame stauns here nou,
grund rotovatit, raked an aa prepared,
near ready fir the seedin o the gress.
Ah steg across its rich daurk tilth,
that in this heat bakes, an reeks o sweit,
redd up the glintin fragments frae the yird –
barra fillt wi memories an shards.

General Poems VI

Paradise Enow!

Ah met Johnny Elliot oan his faithfu Dawes,
Hauf wey atween Dalgig an Dalleagles,
Laden't tae the gunnels wi tent an panniers,
Heidin fir Newton Stewart, an Backhill o the Bush.
A miner aa his days he swore that gin he goat retired
He'd buy a bike, an a kayak, an gang an see Scotland!
An sae he did; Skye or Bereneray, Canna, Mull,
Oan an eicht day rovin ticket frae MacBrayne's,
'Stravaig as faur as ye waant!' he said.
'Buik intil a hostel, or gin there's nane
Streek yer bed oot in a bus shelter an mak a brew,
Up at crack o daw an awa afore the first bus!'
An sae we blethert anent the 'great ootdoors',
Afore ah raxed an shook his haund,
An quoted tae him some auld daft quatrain,
Anent wilderness bein paradise enow!
He smiled, we saddled up, an baith muived oan.

'Seldom Seen'

For Jenny Wilson

Below Black Crag among its scattered stone
I heard a harshly grating 'hwee-tsak-tsak',
Then, bobbing on its boulder, spied the Stonechat,
No doubt enraged by my abrupt intrusion.
I fixed on his position with binocs,
Tracked him briefly, lighting on a fencepost,
Chattering fiercely like some irate host,
Then watched him flirt his tail amongst the rocks.
Later I supposed his nest was near,
A hollowed cup above the line of ferns,
Tucked by a gorse bush, tricky to discern;
How his small rage shrilled until I disappeared.
I don't know why my mind recalls this scene,
Played out on the hill by 'Seldom Seen'.

Saint Valentine

Sonnets, thae 'billet-doux' poems o luve,
Antrin things, haun't doun frae Petrarch's age,
Ingenious structures, wirds upon a page,
Neatly honed, syne fittin lik a glove,
Tae aa the warld their message appertains.
'Vies des Saints', ye're listit, Valentinus!
'Ah loast the heid, thon time wi Claudius!';
Lang aeons passed, they gaithert up yer banes,
Ensconced there in Duns Scotus Kirk ye're hained,
'No Mean City' – Hou incongruous!
Tidily kisted, trig in aik an bress
In Glesga's Gorbals, by Saint Francis sained!
Nou in these fourteen lines ye're nem's redressed –
E'en fowk wha loss the heid micht still be blessed!

Jockeys Destroyed!

The Aintree National once again has claimed,
The lives of two poor innocent young jockeys;
'This isn't just like standing at the ockey'
One racing (and darts) journalist has claimed!
'The risks involved are real and manifold,
Perhaps it's time to take a look again,
Remove for good this annual race of shame,
Two jockeys euthanised!? Dire to behold!
The spectacle of those black plastic screens,
That hid from view the loss of two young lives,
Means public censure, now at its 'high tide',
Should end such scenes of awfulness, obscene!'
('Smart money' though, they say, is still believing –
The odds on it being run next year are evens!)

Lang Ling Legammachie

A lane Ling lay lamentin in Loch Linne;
'They've lured oor Louis wi a luscious lugworm!
A lackadaisical lanky lazy Ling,
Languidly he'd lunge lethargically,
(Ower lax tae launch at lures Leviathan!)
At Lilliputian little Loach or Lungfish,
A ludicrous lapse o Ling enlichtenment,
That's lain him limpid lyin bi the Loch.
Isbister, that langshankit lousy landlubber,
Lethally lured an landit lairdly Louis!
Nou listen tae ma langsome lays wee Lings,
Gin ye wid leeve tae legendary length,
Lea lugworm lures their lane the lee-lang day,
Else see yer luck leg-aff an gang agley!

Record breaking ling caught off Muckle Flugga

There was big excitement all round for James Isbister
from Cunningsburgh and friends, while fishing off
Muckle Flugga on Saturday, 23 February 2013.

After a 20-minute struggle James managed to get a huge
ling – or olick – weighing in at 67.46lb, breaking the
23-year-old British record by 10lb.

Skeely Fowk

Craw crouse, an aye, be cockapentie,
Lat ither airts aa chaw, tak tent ae
Scotia's makars, sculptors, limners,
Thae skeely fowk whase wark defines us;
Lochhead, Stoddart, Riach, Howson,
Crawford, Brookmyre, Kelman, Rankin,
Vettriano, Currie, Begbie,
Andy Scott, Mach an Bellany,
Creative blueprent fir Scotland's weill,
Warkforce o fifty thoosan chiels,
Biggin a cairn o skills an growthe,
Talented fowk? We hae a routh!
Hearken oot, ye'll hear their vyces,
Screichin oot fir creative chyces,
Keen tae heize oor Scottish nem,
Nae maitter hou they play the gemm,
Be't TV, movies, radio,
Music, theatre, or wan man show,
Tradeetional music's clarsach players,
Tradeetional scran, an its purveyors,
Tyauvin awa in oor museums,
Heroes, tho ye nevir see thaim,
Wha, steek bi steek, add mair bawbees,
Tae heize up oor economy,
Gin ye're frae the Broch or Inverary,
Auchinleck or Castlecary,
Gin ye are prood o yer native laund,
Then come an jyne 'Scotland the Brand',
Oor kintra's unique, we ken that's true,
But thon ither thing unique? That's you!

The Question

'Ach, ye'd ne'er hae claucht me,
gin ah hudnae bin fou!
An as fir Dionysus, ma auld crony,
he's faur ower fly fir the likes o you,
great King Midas!
Ma heid is stoundin frae the vino!
Lat me sit here ma lane a while,
the burden ah cairry aftimes
weichts me doun.
The groves are bonnie this time o year,
the vines heavy ladent
 wi the treasuirs yet tae cam.
Eh, ye dinnae hae a drappie tae spare!?
Naw!? Ah didnae think sae...
An nou ye deave me wi yer questions,
questions, questions...
Gie's a meenit, speirin aye,
speirin aye o auld Silenus...
Whit is it wi men!?
Oh aye, ah ken,
ah ken fine weel!
Why dae ah lauch ye ask!?
Why sire, ye wid lauch tae –
gin ye kent it!
Nou dinnae hae yer lackies
treat me sae reuch!
But thon's ma ae bit faut –
Ah ne'er ken whan ah've hud eneuch!
Nae dout ah'll be sorry the morn!
The question!? Oh aye, the question...
Whit's the ae best thing fir man?
Weel dinnae say ye werenae warnt,

fir nou ma dander's kittled up,
an ye are forcin me tae say,
that whit wid hae gien ye
the benmaist pleasuir
no tae hear ava!

But oh, great king!
hearken nou
tae the wirds o wyce Silenus!
Fou or no, here's the dree
yer heichness commands!
Sufferin craitur, born fir a day,
puir bairn o mischanter,
wee misluckit thing o toil,
the verra best o't fir you,
is as unkennable as the starns,
it raxes oot ayont the universe;
no tae hae bin born,
no tae exist,
tae hae bin naethin!
Thon's the ae best thing o aa!
Tho aiblins sire the saicent best
micht sair ye juist as weel,
an that is this –
tae dee, richt suin!
Nou, lea me here ma lane,
the sun's gang doun.
Ye're shair ye haena a dram,
fir a puir auld man?'

'There is an old legend that king Midas for a long time hunted the wise Silenus, the companion of Dionysus, in the forests, without catching him. When Silenus finally fell into the king's hands, the king asked what was the best thing of all for men, the very finest. The daemon remained silent, motionless and inflexible, until, compelled by the king, he finally broke out into shrill laughter and said these words, 'Suffering creature, born for a day, child of accident and toil, why are you forcing me to say what would give you the greatest pleasure not to hear? The very best thing for you is totally unreachable: not to have been born, not to exist, to be nothing. The second best thing for you, however, is this—to die soon.'

NIETZSCHE, The birth of tragedy

Rant

Rant

v. 1 rant, talk foolishly 2 romp, indulge in boisterous fun, make merry, 3 play or sing a lively tune, *esp* for a dance 4 make a great noisy fuss, complain at length; diatribe

n. 1 a romp; boisterous or riotous merry-making 2 a festive gathering with music and dancing 3 a lively tune or song, *esp* one suitable for energetic dance; freq in titles of dance tunes 4. A severe scolding, a row

-er 1 = ranter 2 *specif* a person who played for dancers, *esp* a strolling minstrel literary. *~ie* &c frolicsome, full of boisterous fun *~in* 1 roistering, merry, uproarious, local. 2 of a fire burning strongly, blazing *-inlie* merrily, uproariously

The End o the World

Ye'll aa hae seen the tabloid fuss?
The *News o the World* hus bit the dust!

Sunday's wull juist no be the same,
Syne Ruperts pit thaim oot the game!

Whaur can we fuin oot nou, fowk say,
Wha Ryan Giggs hus shagged the day!?

Or Gordon Ramsay's faither-in-law?
His secret wife, an weans, an aa!

Max Mosely photies, quite perverse!
As Nazi hookers skelpt his erse!

Corrie plots, or else Eastenders –
Tommy Sheridan in suspenders!

Stories that gang oan, an oan –
(They even '*papped*' Jim Monaghan!)

But nou the '*World*'s' cam tae an end,
As Rupert tries tae mak amends,

Fir thaim wha hacked puir Millie's phone,
(*He didnae ken it wis gaun oan!?*)

Friens, it's a total bluidy disgrace;
He needs faur mair's a pie in his face!

But Rupert wis kept frae ony ill,
Bi the swift reactions o '*Shanghai Lil*'!

An whit aboot Sir Paul, o the '*Met*'?
Whit did his boys in blue aa get!?

Kickbacks, cheques, an fly backhaunders,
Greed an corruption walks amang us,

A rael polis-force, gin ye ask me boys,
Arrests mair crooks than it employs!

An that fly jouker Cameron,
He kens faur mair as he lets oan,

Coulson an him wir thick as thieves,
Sae nou he ducks an dives and weaves,

His '*weasel words*' a puir disguise,
Refusin tae apologise.

Thon rid whin-bush, Rebekah Brooks,
A sleekit bitch, wid mak ye puke,

Gied oot twa hunner P45s,
Said '*Awfully sorry!*', then contrived,

Tae stey in post, an brazen it oot;
Within three days wis chippit oot!

Auld Rupert widnae tak the blame,
He shed her skin tae save his ain,

(Mind, these days, he's no quite sae chipper –
Luiks lik he cuidnae fin his slippers!!)

Cam Sunday she wis unner arrest –
Grilled aa day bi London's best,

Thae '*slumber-pairties*' at Nummer Ten,
She isnae likely tae see agane,

Gin justice finally hus its day,
She'll '*slumber down*' – in Holloway!

This '*little shop*' o tabloid horrors,
A five year thing nou, fir the lawyers,

An Cameron howps he's saved *his* ass,
Bi kickin this intae the grass,

An as fir puir auld cynical me?
Ah think afore ower lang we'll see,

New laws bein passed tae gag the press,
Ensurin that ony future mess,

Suggestin Murdoch wis tae blame,
Wull no get publisht e'er agane!

'*Freedom o the Press*'? its race is run –
Read aa aboot it – in the *Sunday Sun*!

State of the Nation
Or 'We're All In This Together!'

'We're aa in this thegaither!' – that's whit Cameron says,
We're aa in this thegaither – but we're the fowk that pay!

Whiles 'Fred the Shred' an 'Diamond Boab' lie, an cheat
    an steal,
Their Traders fix the Libor rates, an ither shady deals,

An ye'll hae mind, it's no lang syne, we hud tae bale thaim
    oot,
They're back tae swillin Bollinger, an wearin Armani suits,

Nae maitter hou they screw it up, they're ne'er gien the
    sack,
But you an me? We mak mistakes, we're telt tae pack oor
    bags!

'We're aa in this thegaither!' – that's whit Cameron says,
We're aa in this thegaither – but we're the fowk that pay!

Tak thae Brixton riots, when the fowk hud hud enough,
They aa goat haimmert by the coorts fir stealin some daft
    stuff;

The judges werenae lang in wipin aff some looter's smile –
'*You stole a pair of trainers…!?*' (Gien thaim twal month
    in the jyle!)

Thon's a lesson gin ye're warkin cless, an e'er ye feel
    compelled
Tae try an dae whit bankers dae, i.e. jist help yersels!

'We're aa in this thegaither!' – that's whit Cameron says,
We're aa in this thegaither – but we're the fowk that pay!

Sae blag three hunner million, an be jist lik Philip Green,
Wha peyed his bonus tae his wife, a tax-dodge quite
    obscene,

Helped hissel tae a dividend, a billion's warth o dough,
Nae tax wis peyed, he banked the loat, in off-shore
    Monaco!

An that is 'legal theft' ma friens, an plain fir aa tae see,
An fir that kind o lootin ye'll be gien the KBE!

'We're aa in this thegaither!' – that's whit Cameron says,
We're aa in this thegaither – but we're the fowk that pay!

Ho-ro they cut wir benefits, an cheats are nemmed an
    shamed –
But aye can fin £10 billion, tae fund Olympic Games,

But the hunner metres final's no fir the likes o you an me,
The Fat Cats grabbed thae tickets fir their Corporate
    friens tae see,

An the torch wull pass throu Antrim, an e'en Stranraer
    pier,
An we'll staun in the pissin rain tae gie the thing a cheer!

'We're aa in this thegaither!' – that's whit Cameron says,
We're aa in this thegaither – but we're the fowk that pay!

An the Coalition Government says that austerity's
The medicine tae cure oor ills – it pussions you an me!

Nae money fir oor hospitals, nae money fir oor roads,
Jist ask at 'Halls o Broxburn' whaur they've aa jist loast
    their joabs!

But fund a Royal waddin, or e'en else the Afghan war?
Thair aye a wheen o millions can be foun fir *thae* sic
    ploys!

'We're aa in this thegaither!' – that's whit Cameron says,
We're aa in this thegaither – but we're the fowk that pay!

But dinnae wirry friens, gin yer bank buik's in the rid,
If you're lik me ah'm shair that ye hud nocht whan times
    wir guid!

There's an anger in the kintra, there's an anger in the
    touns,
There's an anger an it's growin, time tae turn aathing
    aroond,

Here in Scotland we've a chyce friens, an the day's no
    faur awa,
There's freedom gin ye want it, an syne that day wull
    daw!

'We're aa in this thegaither!' – that's whit Cameron says,
We're aa in this thegaither – but we're the fowk that pay!

Hou the First Tory wis Made

Wi apologies tae the great makar, Anon!

God and Sanct Peter wis gangand bi the way
Laich in Chipping Barnet, whaur their gait lay
Sanct Peter said tae God, in ane sport wurd—
'Can ye nocht mak a Tory o this horse turd?'
God turned owre the horse turd wi his pykit staff,
An up stairts a Tory, a nesty wee nyaff.
Quod God to the Tory, 'Whaur wilt thou noo?'
'Ah wull doun tae Smithfield, Lord, an there steal a coo'
'An thou steal a coo, carle, there they wull hang thee.'
'What reck, Lord, o that, fir aince maun I dee.'
God then he lauched an owre the dyke lap,
An oot o his pooch his wallet outgat.
Sanct Peter socht the wallet fast up and doun,
Yet cuid he not find it in aa that braid roun.
'Nou,' quod God, 'here a marvell, hou can this be,
That I suld want ma wallet, an we here but three!'
'Humf,' quod the Tory, an turned him aboot,
An at his plaid neuk the wallet fell oot.
'Fy,' quod Sanct Peter, 'thou wull nevir dae weill;
An thou but new made an sae suin gangs tae steal.'
'Humf,' quod the Tory, an sware bi yon kirk,
'Sae lang's I may get gear tae steal, I nevir wull wark.'

Promises, Promises...

Here's a humorous new libretto,
Based oan Tory manifestos

Promises made, promises broken,
The kind o thing that dis betoken,

Whit passes fir elections here,
That we've tae thole friens each five years...

Enow tae mak ye grue an scunner,
As frae their soap-box hear thaim thunner,

Ah'm aamaist muived tae mak a stand,
An cast ma vote wi Russell Brand!

(Mind, ah ken that thon's a paradox,
  The Jury's oot oan his vox-pops!)

It'as aiblins mair that Russell's plan's
Tae get mair photies oan Instagram,

Tho the grams that aince he did propose
Wir the yins that he stuck up his nose!

Broken Britain? Can Dave fix it!?
It's aa aboot the 'Defecit'

Whit's in it then fir you an me –
Five years mair austerity...

But whit did Dave promise us aa afore?
The leet is lang, an quite a splore...

'Hacker' Coulson, ye'll mind o him?
It taen a while fore he goat binned!

Mind, he'd the PM's 'full confidence',
As he brassed it oot, sittin oan the fence,

But Dave widnae go the 'extra mile',
An Andy suin wis in the jyle,

Whaur he cuid practice 'communications',
Bi sendin news o his 'vacation',

A nice postcaird frae Hollesley Bay,
'Wishin Dave cuid be there tae!'

There'd be nae drastic spendin cuts,
Aye right! He must think we're aa nuts!

But that's the Tory merry-go-round,
Ye let thaim oan, the puir they'll pound!

An sae friens it suin pruived tae be,
An their auld frien 'austerity'

Wis ushered in tae stalk the land –
Mibbes we're better wi Russell Brand!?

Pensioners suin wir in his sichts;
Try cooryin in oan cranreuch nichts,

When the winter fuel allowance is slashed,
An ye dee o cauld fir want o cash,

They'd no re-arrange the NHS,
Can ye think ony bigger mess?

'No re-organisation!' Dave says,
Well, Nye Bevan, here's strange days!

When yer NHS is divvied up,
Tae gie fat-cat privateers their cut,

Frae Necker Island sails Branson's brig,
Whiles Jack-Tar shareholders dance a jig!

An weel micht they aa step a reel –
A £1.2 billion private deal!!

Tories in chairge o wir nation's health? Shair,
They'd gie King Herod the reins o child-care!

'Absolutely no plans to raise VAT' –
As ma granny yince said – 'Ye've hud yer tea!'

'I'd never means-test Child Benefit...'
Ah think ye'll fin Dave, gin the shoe fits,

Syne Danny Alexander spilt the beans,
We ken hou much *thae* promises mean!

Gazin here intae ma crystal ball,
In twa/three years we'll see a fall,

An puir weans aa wull suin be puirer,
An Tories aa say that this is fairer!

Jail terms fir knife crime, suin wis scrapped,
Promises oan fuel poverty, drapped!

Ye'd end fuel poverty bi 2016,
Well, Dave, ah've news fir you ma frien,

The Regulators ye said we'd be gien,
Even yet they're naewhaurs tae be seen,

The gas hus risen bi 19 per cent,
An lecky's went up bi 10 per cent,

Fuel Poverty shair ye've ended fir some –
The energy fat-cats wha sit oan their bum!

An Osborne's cronies in the city,
Pre-damascene Scrooge wid show mair pity,

We'll no see much 'austerity' there,
As bonuses gang throu the ruif ah'm shair,

Whiles Gideon George did your een mist,
As ye scanned the pages o the Time's 'Rich List'.

One Thousand fowk, warth hauf a trillion!
Nae dout you smiled an thocht thon brilliant!

Whiles 18 million faimilies, UK,
Aa hae savins o less as £3K,

An twenty percent o thaim, dear George,
Dinnae hae ony savins ava!

Sae a Tory election win fir thaim,
Wull cause rael grief, rael pain, rael hairm!

Dave an George, immured in callousness,
They dinnae see ocht wrang wi this!

As lang as aa the rich get richer,
Thae pair wullnae gie a toss fir,

Strugglin puir fowk an their weans,
Fir kindness or peety, they hae nane!

Lik auncient Coliseum racers,
Whase chariots dash an aa gie chase as,

Each tries dae ootdae the ithers,
Wha'd trample an rin doun their brithers,

Tae tak the glitterin prize an laurels,
Wi feint a hate o care or sorrow,

Fir their fellow man. This plan's still here,
No altered in twa thousand year...

An Osborne's 'lean and hungry look',
Minds me o Cassius, an maks me puke!

Big Boris shuidnae turn his back
Oan George – keep mind 'The Ides o March'!

(Fir dinnae say ah huvnae warned ye!
 Yer last wirds micht be 'Et tu, Geordie!?')

It's no luikin guid fir the ballot box,
An oan these Tories a curse an pox!

Cause friens, an think they micht scrape in,
We cuid be facin a Tory win,

An Milibean wull be gane, nae dout,
Some reck his baws are hingin oot!

An 'Hitler promises' we'll be reapin –
Made fir prentin – no fir keepin!

But ae caird we've yet up oor sleeve –
Thenk Christ we hae the SNP!

At Paddy Power aa place yer bet,
Fir friens, odds oan, it's comin yet!

Dave's Hair: The Journey Continues...!

Friens, here's a tale maist salutary,
When Dave first worked fir 'Peerie Norrie '

A 'SPAD', his style wis still unsure
But Norrie's gull-winged pompadour

Appealed, an tho it made folks wince,
He went fir full-on 'Disney Prince'!

An aye, ah ken, it caused some lauchter,
But it peys tae keep in wi the gaffer!

An suin, as Shadow Education,
Dave sought tae reassure the nation,

Wi a new tonsorial tidy-up,
That relied oan wind tae prop it up,

(Unlike oor hills wi turbine schemes,
Dave's nevir short o wind it seems!)

But this wis anely a mid-term gain,
An fir a while his unruly mane,

Seemed tae tak oan a life o its ain,
Fir style or shape there wisnae nane!

Forby, his crown wis growein sparse,
The curse o the dreaded Monkey's Arse!

Tho frae his course he'd no be swayed,
E'en tho some thocht, 'Thon's some toupee!'

Shot in soft-focus, ablow Big Ben,
He hud his ee oan Number 10

In 05's leadership election,
Brylcreem applied, ye win selection

(Whiles David Davis crawls unner his rock,
Eftir ye hae shot puir Liam's Fox!)

Yer right wing views tho ayeweys deft,
But Dave, yer hair wis headin left!

Some attribute this tae Tony Tahir,
Wha taen a tenner tae cut yer hair,

But scannin doun the Honour's List,
Nae wunner Tony Tahir's pissed!

Lino Carbosiero, MBE,
(Fir Services tae hair-cuttin industry!)

Is credited by The Telegraph,
Fir creatin the famous parting, naff!

An the anely different thing he did,
Wis chairge ye mair as ninety quid!

But it must hae worked, in Twenty-Ten,
Ye win the keys tae Number Ten.

If anely ithers hud taen yer lead,
Mibbes then they micht succeed;

Boris Johnson, we micht weel name,
A heid lik Constable's famed 'Haywain'

Wid some make-ower increase his stature?
He desperately needs a 'Thatcher'!

Whiles Milibean's hair wid mak ye vomit,
Tho it's fair tae say his sidekick, Gromit,

Cuid re-arrange it in stop-motion,
If evir Ed micht tak the notion...!?

Whiles bald MP's (we hae a fleet!)
Micht aa splurge doun tae Harley Street,

Fir transplants tae increase hair denseness,
An claim it back oan their expenses!

An in the bathroom o Nummer Ten,
Ah'm shair there's packs o 'Just For Men',

Whaur Dave, in secret, perfects his look,
The classic 'Tarzan' Heseltine swoop!

Ee'n like oor frien 'Red Tory' Blair,
He's flirted wi the 'Middle Way'

Some say this is psychology –
Whiles ithers say 'Trichology'!

('Trick-cyclists ' tho cuid gain some glory,
    Bi analysing fellow Tories!)

An thaim wha wid your style pooh-pooh,
In dire need o their ain Guru!;

Farage, inducing Tory jeers,
Wunners hou ye defy the years,

Mibbes ye've a paintin tucked discreet,
In a faur recess o Downing Street,

Dressed in best blue Bullingdon suit,
Riddled wi pox an bald's a coot!

Tabloid banners micht splash an say –
'Fifty shades o Dorian Gray!'

This saga o David Cameron's hair,
Wull no be loast oan you'se ah'm shair;

Nae maitter hou they arrange their mops,
Tory Leopards nevir chainge their spots!

Ode tae Lord Winston!

Great puddin' o the peerage race,
Lord Winston thon's a damnt disgrace,
Oor national dish ye'd daur efface,
 An say's '*revoltin*'!
Wae's me they didnae lift the Mace,
 Tae stove yer block in!

This insult tae the noble Haggis!
Wha's '*Burns Nicht*' fare oor pride an brag is!
Nae dout ye'd heize some law tae drag us,
Straicht ower tae Brussels –
Whaur they wid like as no suin gag us,
In legal tussles!

Whiles you, wha luiks lik Groucho Marx,
Ah'd cry a ban oan thon *moustache!*
These days it haurdly cuts a dash,
 In Bethnal Green,
Within Bow Bells yer '*Dot an Dash*',
 Wid be obscene!

But ma gripe's no your hirsuit woes,
Yer doitit rant hus curled oor toes,
An Scots shuid tell ye whaur tae go,
 Ya daft auld scunner,
Gin ye're invited tae Glasgow –
 Please, dae a runner!

Whiles thon auld Lord McColl o Dulwich,
(Brocht up oan Haggis, Scones an Pairritch!)
Wid straichtweys send a fleet frae Harwich,
    O tasty puddins
Sae obese Yanks micht be weel-nourished;
    An tame their gluttons!

He wis quite richt tae say this ban,
(In place syne nineteen-seeventy-wan!)
Shuid be remuived forthwith, his plan
    They'd daurnae scupper,
His plea tae Scots-Americans? –
    Try 'Haggis Suppers'!

The man wis speikin 'Common Sense',
An faur frae sittin oan the fence,
He showed we Scots hae still the mense,
    O revolution,
Twas Scots wha guided Jefferson's pen;
    Their 'Constitution'!

Whiles thon wee nyaff, Forsyth o Drumlean,
As usual vented his Tory spleen,
Oor ex-First Meenister tae demean,
Wi's cheeky snash,
Sniped frae the bield o the 'Lords Latrine',
Buoyed wi oor cash!

Whiles Lord de Mauley (anither wally!)
Pruived that he wis aff his trolley,
When he exclaimed 'By gosh! By golly!
Lord Winston's right!
Give Glasgow's 'guinea-pigs' a jolly,
Succulent bite!'

An recommended a '*whisky tot*',
Tae flush the Haggis doun Winston's throat,
Weel, mak the maist o that M'Lord,
    Syne you an yer peers,
When aa the tax frae whisky's Scots! –
    Wull droon in yer tears!

Forsyth conteenued his Salmond mantra,
Ah've mind the day he cuidnae answer,
Lik Davie Cameron (anither chancer!)
    Widnae tak the gate!
Eck wid hae pit thaim throu the mincer,
    In open debate!

Mind, Humza Yousaf suin crossed swords,
An made the Toffs suin eat their wirds,
An pyntit oot hou jist absurd,
    Wis Winston's rantin,
Aa roond the warld fir Haggis grub,
    We Scots are gantin!

This, Scotland's year o food and drink,
Thair naethin mair delish nor dink,
Tae Haggis toasts oor glesses clink,
    An raise alaft!
Wid that no gar thae daft Lords think,
    Fore spoutin aff!?

Lord Winston, Labour though ye be,
This isnae quite '*Democracy*'!
Ah think you've mibbes '*Hud yer tea*!'
    Yer race is run;
This ermine cled plutocracy
    Best haud their tung!

But ne'er mind, Burns Nicht is here!
Hanselin the key-stane o the year,
Wi drams, an fun, an Haggis dear,
    An Rabbie's poem!
While as fir non-elected Peers?
    We'd dress their droddum!

General Poems VII

The Waithercock*

Heich abune the toun the waithercock
Keeps his lanely vigil ower aathing,
His vauntie neb defies the plashin onding,
Else screichin stuckies in their hairst-time flocks.
Seelently he bobs tae aa the airts;
The day he micht pynt South adoun the Nith,
The morn he'll rax tae Muirkirk an the North,
Or West tae Euchan; East Mount Lowther's pate.
Fir maist three hunner year he's ably telt
The herd ootby the hill that lambin's nigh,
That clippin-tim's at haund wi thon rid sky,
Whan smoorin snaw's maist likely tae be dealt –
Throu cranreuch nicht, or simmer mornin's daw,
Aye crouse, but yet he's nevir yin tae craw.

* A weathercock has stood on top of the Robert Adam designed
Tollbooth in Sanquhar since 1735.

Treasuir

The diadem o stane derne in this cleuch,
Within a daunder jist shy o an hour,
Wears wi easy grace its line o pooer,
Ablow the serried ranks abune whaes souch
Spaes o a Scotland crouse tae haud her ain,
Won nou wi michty blades, tho no o swords,
Nor swung bi screichin kiltit hielant hordes,
Cannily nou a hairst o wun we hain.
We hae nae need o kings an princely thieves,
Wha herriet aa the chicks frae aa oor nests,
Tae fecht in wars, or ploys that sair'd thaim best,
We listent ower lang, wir deaved, deceived;
Whiles here it seems the laund haes tint its croun,
The heids o thaim wha ruled us, scattert roun.

The Stanes Dwam in the Dykes

Poem written oan Sanct Andra's Day, 2012

A skinklin rime o white coors ower aathing,
The stanes dwam in the dykes hapt up in moss,
The day, a Saltire, perfect blue an frost;
While oan the hill the turbines saftly sing.
A Gled sweeps aff its pole an slaely curves
Its wingin flicht tae licht amang some birks,
Majestic, an as haly as a kirk.
A Tup keeks ower a fence at his auld luves.
Alang a bank the mowdies hae bin busy,
A daurk broun line o punctuation merks,
Tells their secret story stieve an stark;
Thae gentlemen, cled in bleck velvet mawsies!
An tho the Voar micht crack thair cranreuch cuivers,
The stanes dwam oan, hapt o'er in verdant duvets.

Multiverse

'Ceci n'est pas Stonehenge', this is the cosmos,
distilled to elemental rock and stone,
depicting that interstellar collision,
four billion years away, a chaos
of realignment unimaginable,
when all the worlds we knew or didn't know
osmotically pass through each other like ghosts,
to form new galaxies intangible.
Proxima Centauri, our 'close' neighbour,
the merest blink, four light years distant, seen
through Hubble may as well be some strange dream;
A single note from some symphonic score,
composed by some great sphinx-like misanthrope,
stretching far beyond all mortal scope.

Black holes, supermassive in their scale,
might tear our future Earth from that serene
orbit she's held; jolt her form terrene
to some alternate universe far away;
after our short human race is run.
Whilst in immeasurable luminosity,
Quasars will trace out our history;
Four trillion times brighter than the sun.
Once our brief candle long has been extinguished,
and every poem's lost and every song,
all trace of our existence lost and gone;
Except in cosmic time, there undiminished,
we'll be as shadows, alien avatars,
when we again are but the dust of stars.

Burnt Sienna and Periwinkle

For Cynthia

That 'watershed' of nineteen fifty-eight,
a box containing all the shades of life,
from rosy hue, pastels, black and white,
to scrawl on notepad, pavement, wall or slate;
Names, or monsters, spaceships, mom and dad;
spindly, spiky figures, hand in hand,
the yellow spider sun above the land
that always made you smile, be happy, glad!
These two young brothers here in Central Park,
lost in a world of color, thought, ideas;
a frenzied blur of blue becomes the sea,
horizon craving pirate ship, or ark?
The searching mind imagination gave –
the charred burnt twig found in some ancient cave.

* In 1958 the 'Crayola' company introduced its iconic 64 color
box of crayons. This was a landmark toy of historic
significance. Two of the colours it included were 'Burnt
Sienna' and 'Periwinkle'.

Raxin fir the Dawin

Ae nicht, i the back o the year wis brucken,
Ah stuid an watcht the striatit lift,
An felt as ah'd bin gien some eldritch gift,
Some keen insicht that micht betoken
Whit aa the starns abune wis tryin tae say;
The Muckle Dipper, syne ower a bit the wee,
Constellations clash tae bear the gree;
Bricht clusters birl intae infinity –
Cassiopeia, Crux, Chamaeleon...
Whan aa at aince, cam flashin oot the nicht,
No ane, but twae! Naw, three! gleg blinterin lichts,
Tractors: silage rigs wi trailers oan –
An aa at aince jaloused whaur we wir gaun;
Aa human-kind aye raxin fir the dawin.

Veesion

Sklentin oot, ower victory's field across,
Æthelstan's airmy, routit, bate an brucken,
Nou Óengus minds his wird forenenst the veesion;
Cloods that formt the shape o Andra's cross.
That eemage stounds tae us doun throu the years,
An nou we face agane stairk, vital chyces,
Nou wir nation's fortune aiblins rises?
Daur we hae thon stieve smeddum o *his* fieres?
Rax forrit, aiblins twa, three mair decades,
An see a Scotland walthy, bien an free!
Siccar in hersel tae bear the gree,
Destiny mappit oot – it's yours tae hae!
An syne thon day wull daw tae cast yer vote,
Yer ain *crux decussata*, markit 'howp'!

*In 832 AD Oengus II led his army of Picts and Scots
against the English army of Angles led by King
Aethelstan. The Scots army was victorious and this
paved the way towards an independent Scotland.
Oengus famously prayed to Saint Andrew the night
before the battle and stated he would appoint Andrew
as Patron Saint of Scotland if he won. On the day of the
battle legend states a white cross appeared in the sky
above the battlefield foretelling Oengus's victory. The
day is again approaching when the Scots people will
have to decide on their country's destiny. The Saltire, or
crux decussata, comes from the Latin crux, 'cross', and
decussis, 'having the shape of the Roman numeral x'
– denoting the shape of the cross Saint Andrew was
crucified on.*

Design

Eftir Robert Frost

Ah've mind ah askt the doactir whit he meant
Bi 'cerebrovascular accident'.
Ah thocht she'd jist get better, ne'er kent
That day the life she leeved wis aa but tint.
At 'Seldom Seen' the day this cam tae mind,
As daunderin up the brae at aince ah spied
A michty tree whase trunk some storm hud rived,
Cloven in twa, ae hauf o't clung tae life,
Ahint the auld dykeside that gien it bield.
It's age? Twa hunner year at least, this Oak,
Felled bi some ill-wuin, or lichtnin stroke,
It's tither lifeless hauf lay in the field.
Is there in aa sic things some strange design?
Gif sae then trees, an fowk, an warlds are tyned.

The Horseman's Wird

Fir Ron Gabbott

The Horseman's wird is baith in wan,
Leistweys it wis, afore the tractors cam,
an tore the soul frae the hallowed laund.
The hauflin then, hivvin learnt his trade,
wid be taen tae the barn in mirkest nicht,
led blinfoldit ablow the elf-cupped lintel,
gruppit bi fowr pair o waukit hauns,
he wid present his unholy trinity;
The loaf, the caunle, the boattle o whisky,
lyin thaim doon oan the makshift altar;
a bushel measuir oan a sack o corn.
Then the stern testin o his knowledge wid begin,
as in the eldritch daurkness
a sentinel owl seelently swoops,
pronouncin doom oan a hapless rat.
Solemnly he sweirs his sacred vow,
that oan reception o the wird,
he will nevvir write it, or indite it,
cut it, nor cairve it oan wuid or stane
ablow the canopy o Heiven.
The ancient oath thet ne'er can be gien
tae ony fuil or madman,
or tae thaim wha micht abuse ony horse,
that gentlest o aa God's craiturs.
Furthermair, he avows,
the wird maunna bi yaised
twixt the settin sun oan Setterday,
an the risin sun oan a Monday.
Shuid he fail tae keep these promises
may a wild horse tear his flesh frae his body,

may his heirt bi rent wi a Horseman's knife,
an his bleached banes be scattert oan the bleak seashore,
whaur the endless ebb an flow o the tides
wull erase fir aa eternity
the remembrance o his nem.

A proffert stick wrapt up in horses skin
is placed within the hauflin's sichtless grup,
the boy turnt man then shaks the De'ils haun,
an leaves tae tak his place amangst the Horsemen.
Thon's hou it wis afore the tractors cam,
in the days o the Horsemen,
wha's wird ah hae aaready telt ye.

The Greater Sea

Oor boat is rigged tae face the greater sea,
The day daws blithely whan we must set sail.
Hou aften hae we twa wrocht in the gale,
An waithert aa its wrath tae bear the gree?
We stievely grupt the tiller, haund oan haund,
Held firmly tae the course that we hud chusen;
Be't sauf bield o the loch, else sea, or ocean,
Nae maitter! We wid siccarly mak laund!
An mony's the lauch we hud alang the wey,
We cared'na dael-a-hate the haund fate gien us,
But made the best o't, kennin fine atween us
The bonds o luve we hud wid aye haud sway.
Ayont the faur horizon Venus lowes,
The Cosmos beckons tae us; pynt the prow!

Notes to Zero Hours

'Salmon Nets and the Sea', 'Glasgow Close' and 'The Spey Wife' were written as part of a project, *The Hunterian Poems*, by Professor Alan Riach, which invited poets to write poems in response to paintings in the Hunterian Museum and Art Gallery collections at Glasgow University.

James Hogg Poems; these were written during my time as the first recipient of the James Hogg Creative Residency, living in the Ettrick Valley in the Scottish Borders in summer/autumn 2013. The complete poems from this residency are available in the collection *Hairst*, published by The Friends of Ettrick School.

'Delighted by a Dallop Outside Dereham' was inspired by Robert Macfarlane's wonderful book about the lost language of the countryside, *Landmarks*.

Burnsiana; these poems are part of a collaboration with the renowned Scottish artist Professor Calum Colvin RSA OBE. The complete poems along with Calum's images can be found in *Burnsiana*, published by Luath Press.

The sonnet 'On the Marriage of Dear Carr to his Beloved Girl' was written for St Andrews StAnza poetry festival, in collaboration with the Bridging the Continental Divide project for the translation of neo-Latin Scottish poetry. For this project three Scottish poets were commissioned to produce their own versions of poems from David McOmish's translations into English, and the resulting versions of the poems were shown along with related images as a digital installation at StAnza. The exhibition was entitled Bridging the Time Divide. The poems are now also available in a chapbook format.

'War Memorial, Afton Valley' features in the anthology *Like Leaves in Autumn, Responses to the War Poetry of Giuseppe Ungaretti*. Published by Luath Press.

Lermontov owersettins (translations) appear in *After Lermontov, Translations for the Bicentenary*, published by Carcanet.

IM NHS; this section is based on my experiences (in my other career as a mental health nurse) as an NHS whistleblower. In September 2006 I was involved in an incident in which a patient absconded from an intensive psychiatric care unit. This event sparked what has turned out to be an almost ten year odyssey revealing systemic failings within the health service.

I still actively campaign on patient safety and staff care issues in Scotland with the group ASAP-NHS (A Safe and Accountable People's NHS). The issue was reported in the national press, and the full story of my treatment at the hands of NHS management this can be seen on YouTube as a three-part film, just search 'Rab Wilson NHS Whistleblower'.

Polquhirter; this refers to Polquhirter Cottage at New Cumnock, Ayrshire. This is the house I was born and grew up in. My mother was a professional florist and the family had a flower nursery and market garden. I still live within a stone's throw of the room that I was born in.

RANT; this section celebrates the ancient tradition of Scottish ranting! Most of these poems have a political slant – written, as they were, at the time of the Scottish Independence Referendum and the General Election of 2015. Some of them featured in a poetic flyting event at Edinburgh prior to the General Election. They are mostly written in rhyming couplet form and are doggerel-like in style; but this was the way the people of Scotland made their protests heard for centuries and I believe it is a great tradition worth preserving. We should encourage the weans of today to embrace rhyming poetry and keep it alive in our schools. Being satirical a lot of the events mentioned in the poems will only have a brief life – these are poems of the moment and the zeitgeist! But moments like these, moments that need ranting about, come around again and again, so something in the spirit of these poems is always bound to be relevant.

'**End of the World**' chronicles the events surrounding the demise of the *News of the World* newspaper, which closed down in 2011 after a very public phone-hacking scandal; '**Ode to Lord Winston**' comments on a House of Lords 'collieshangie' over the US ban on importing Haggis, which has been in place for over 40 years! From 'Christis Kirk on the Green' to Garioch's 'Embro to the Ploy', Scots have always enjoyed having a rant!

A Map for the Blind: Poems chiefly in the Scots language

Rab Wilson

ISBN 978-1906817-82-4 £8.99 PBK

When ah saw the wark o this lassie, wha wis developin a software programme fir fowk wi a visual impairment, the penny suddenly drapt; that poems kindae duin the same joab – they mak a pynt or reveal tae us a truth that aiblins we cuidnae see afore. An thon's the magic thing that poetry dis!

RAB WILSON

Written mostly in Scots, Rab Wilson's *A Map for the Blind* deals with topics ranging from satirical social commentary to sublime shots of everyday life with his characteristic wit and insight. From a poignant reflection into the 'black hairt' of the coal industry, to a nostalgic and spirited look at classic bicycles, to wondering if anyone was listening to 'Holy Gordon's Prayer', Rab Wilson delivers a vibrant picture of Scotland which we can't fail to recognise.

Burnsiana

Rab Wilson and Calum Colvin
ISBN: 978-1-908373-91-5 PBK £12.99

Combining art and poetry
to form a beautiful new
alternative to current Burns
related titles, Colvin's
photographic artworks go
hand-in-hand with Wilson's
witty and insightful poetry to
provide a daring take on the
world of Robert Burns.

BURNSIANA
Artworks and Poems
Inspired by the Life and Legacy of Robert Burns
CALUM COLVIN and RAB WILSON
With a Foreword by Jackie Galloway

Employing the unique
fixed-point perspective of
the camera, Colvin creates
elaborate narratives from
manipulated and constructed
images so as to comment on
aspects of Scottish culture,
identity and the human
condition in the early 21st
Century. Wilson in turn,
responds to these images,
giving a deeper alternative
meaning to the artworks and
dwells on who we are, where
we have been, and towards
what we may become.

*Rab Wilson is one of the best
poets now working in Scotland.
In the interest of his language,
subject matter, form of address,
development of style and
perspective and tone, he is far
more curious and willing to
take risks than almost all of his
contemporaries.*
ALAN RIACH

Details of these and other books published by Luath Press
can be found at: **www.luath.co.uk**

Luath Press Limited
committed to publishing well written books worth reading

LUATH PRESS takes its name from Robert Burns, whose little collie Luath (*Gael.*, swift or nimble) tripped up Jean Armour at a wedding and gave him the chance to speak to the woman who was to be his wife and the abiding love of his life. Burns called one of 'The Twa Dogs' Luath after Cuchullin's hunting dog in Ossian's *Fingal*. Luath Press was established in 1981 in the heart of Burns country, and now resides a few steps up the road from Burns' first lodgings on Edinburgh's Royal Mile. Luath offers you distinctive writing with a hint of unexpected pleasures.

Most bookshops in the UK, the US, Canada, Australia, New Zealand and parts of Europe either carry our books in stock or can order them for you. To order direct from us, please send a £sterling cheque, postal order, international money order or your credit card details (number, address of cardholder and expiry date) to us at the address below. Please add post and packing as follows: UK – £1.00 per delivery address; overseas surface mail – £2.50 per delivery address; overseas airmail – £3.50 for the first book to each delivery address, plus £1.00 for each additional book by airmail to the same address. If your order is a gift, we will happily enclose your card or message at no extra charge.

Luath Press Limited
543/2 Castlehill
The Royal Mile
Edinburgh EH1 2ND
Scotland

Telephone: 0131 225 4326 (24 hours)
email: sales@luath.co.uk
Website: www.luath.co.uk